재택학습력

혼공이 어려운 초중등생을 위한 가정학습법

재택학습력

1판 1쇄 발행 2021년 12월 1일

지은이 허준석, 김수정, 기나현, 최선민, 류경아
펴낸이 김선숙, 이돈희
펴낸곳 그리고책(주식회사 이밥차)
주소 서울시 서대문구 연희로192(연희동 76-22, 이밥차 빌딩)
대표전화 02-717-5486~7 **팩스** 02-717-5427
홈페이지 www.2bc.co.kr
출판등록 2003년 4월 4일 제10-2621호

본부장 이정순
편집 책임 박은식
편집 진행 조효진, 김지원
영업마케팅 이교준, 양승은
경영지원 원희주
디자인 공간42

혼공이 어려운 초중등생을 위한 가정학습법 ▶

상위 1% 공부 습관의 비밀

재택학습력

허준석 · 김수정 · 기나현 · 최선민 · 류경아 지음

그리고책
and

머리말

학교 숙제도 성실히 하고 학원도 열심히 다니는데 왜 성적은 오르지 않는 것일까요? 그 이유는 상위권 학생들의 공부법에서 찾을 수 있습니다. 상위권 학생들은 학교와 학원에서 공부하는 시간 외에도 스스로 공부하는 시간을 마련하고, 계획을 실천하는 것을 중요하게 생각합니다.

방과 후 학원에서 장시간 공부하고 집에 돌아오는 학생들이 공부 시간이 많을 것이라 생각하지만 사실은 정반대입니다. 학원에서 공부를 충분히 했다며 따로 공부하는 시간을 갖지 않기 때문입니다. 성적을 올리려면 학교와 학원에서 수동적으로 공부하는 시간보다 가정에서 혼자 공부하는 시간이 많아야 합니다. 상위권 학생들은 학교나 학원에서 배운 내용에 대해 완벽하게 이해하기 위해서 가정에서 예습과 복습에 많은 시간을 할애합니다.

비대면 수업으로 점차 가정에서 공부하는 시간이 늘어나는 요즘 학생들은 스스로 공부하는 습관을 만들어 재택학습력을 길러야 합니다. 특히 온라인 수업을 100퍼센트 활용해야 부족한 부분을 채워나가며 공부할 수 있습니다. 통계에 의하면 10대 청소년의 영상 콘텐츠 소비하는 시간은 1주일에 40시간이 넘습니다. 오직 오락만으로 이 시간을 채우는 것이 아니라 이제 학생들은 영상 콘텐츠로 공부도 합니다. 그렇기 때문에 공부에 방해된다며 영상 콘텐츠를 멀리하도록 충고하던 것은 이제 옛말입니다. 학생들은 유튜브나 인터넷 강의를 활용해서 자신만의 공부를 할 수 있어야 합니다.

EBS 스타강사이자 3,000편이 넘는 인터넷 강의에 출연한 허준석 선생님을 비롯해 현직 선생님들이 집필에 참여한 이 책은, 가정에서 온라인 수업을 활용하여 스스로 공부를 계획하고 실천하는 자기주도 학습법을 구체적으로 제시합니다. 또한 학생들이 공부의 목적을 깨닫고 집중력을 유지하는 법을 조언하며, 공부에 몰입할 수 있는 환경과 습관을 만드는 방법에 대해서도 알려줍니다.

교육방송에서 인터넷 강의를 거쳐 유튜브까지. 공부 환경은 매일 빠르게 변화하고 있습니다. 이제 온라인 수업을 활용한 자기주도 학습은 상위권 학생의 필수 능력이 되었습니다. 높은 성적을 내는 상위 1퍼센트의 학생들은 모두 재택학습력이 강합니다.

이 책이 올바른 가정학습 공부 습관을 형성하고, 온라인 수업을 적극적으로 활용하여 지식을 탄탄하게 만드는 데 도움이 되길 바랍니다. 그렇게 다진 공부 습관과 지식이 상위권으로 도약하는 원동력이 되기를 진심으로 바랍니다.

저자 일동

CONTENTS

차례

C O N T E N T S

가정학습이
공부의
중심이다

PART

01

꿈을 날짜와 함께 적으면
그것은 목표가 되고
목표를 잘게 나누면
그것은 계획이 되며
계획을 실행에 옮기면
꿈은 실현된다.

그레그 레잇

나만의 공부법 찾기

학원에 가지 않으면
성적이 떨어질까 불안해요

누구나 한 번쯤 '유대인 교육법'에 대한 이야기를 들어보았을 것입니다. 세계 인구의 약 0.25퍼센트를 차지하는 유대인은 노벨상의 30퍼센트를 수상하였으며 세계 명문대학에서 활약하고 있습니다. 많은 학자들은 적은 인구로 뛰어난 활약을 펼치고 있는 유대인들의 교육법을 분석하고 여러 책을 통해 유대인식 교육비법을 소개하고 있습니다. 이를 기반으로 유대인의 전통적 학습방법인 하브루타와 같은 토론식 수업 기법을 활용한 독서논술, 토론, 미술학원도 생겨났습니다.

유대인 교육은 특별한 교육 기법이 아닙니다. 바로 가정학습을 철저히 한다는 것입니다. 유대인은 자녀 교육을 '신이 자신에게 맡긴 가장 중요한 임무'라고 생각합니다. 유대인은 자녀가 가진 재능Talent 을 발견하고 세상에 기여하도록 도와주어야 할 사명이 부모에게 있다고 생각합니다.

자녀 교육을 다른 사람에게 맡기는 것은 신이 자신에게 맡긴 임무를 다하지 못하는 것이라고 생각하기 때문에 부모는 최선을 다해 자녀 교육에 참여합니다. 특히 나라 없이 떠돌아다녀야 했던 수난의 역사를 기억하고 있기 때문에 교육의 중심을 가정에 두고 있습니다. 외부의 교육기관이 아닌 가정이 중심이 되어 어떠한 상황에서도 교육의 끈을 놓지 않았습니다.

학교와 학원에만
의존하면 안 됩니다

지금 학생들이 처한 우리 교육의 현실은 어떠한가요? 가정학습보다는 학교와 학원 교육에 지나치게 의존하고 있는 것은 아닌지요. 팬데믹 이후 원격수업이 실시되면서 학생들의 기초학력이 저하되었다는 우려의 목소리가 쏟아졌습니다. 팬데믹 상황으로 인해 학교 수업이 정상적으로 이루어지지 않고 있고, 갑작스럽게 원격수업을 실시하면서 문제가 발생하기도 했습니다.

시민단체의 분석결과에 따르면 학생들의 성적 분포도에서 중위권이 줄고 상하위권이 동시에 늘었습니다. 75.9퍼센트의 중학교에서 수학 중위권 비율이 전년 대비 감소했습니다. 고등학교 역시

66.1퍼센트의 학교에서 수학 중위권 비율이 감소했습니다. 중위권의 붕괴와 상하위권의 증가로 교육의 양극화 문제가 수면 위로 떠올랐습니다. 이는 학교나 학원 수업에 의존도가 높았던 중위권 학생들이 온라인으로 전환된 수업에 적응하지 못한 결과입니다.

그동안 학교와 학원은 학력격차를 해소해 주는 중요한 역할을 하고 있었습니다. 부모는 학교와 학원에 자녀 교육을 맡겨두고 있었습니다. 하지만 갑작스럽게 원격수업을 실시하고 학원 수업이 금지되는 등 학교와 학원 수업을 들을 수 없는 상황이 되자, 가정학습의 중요성이 부각되고 있습니다. 이제는 학생의 자기주도 학습능력과 가정학습 환경이 매우 중요해졌습니다.

만약 대한민국의 교육이 유대인의 교육 방식처럼 가정 중심의 교육이었다면, 학교와 학원이 제대로 기능하지 못하는 요즘 같은 상황에서도 흔들림이 적었을 것입니다. 또한 평소 학생들이 학교나 학원에만 의존하지 않고 가정에서 스스로 공부하는 습관이 있었다면 상위권과 중하위권의 학력 격차가 벌어지는 상황이 일어나지 않았을 것입니다.

유대인식 탈무드 교육을 연구하는 더나음연구소의 심정섭 소장은 저서 『대한민국 학군지도』에서 유대인들의 가정학습을 우리의 교육에 적용해야 한다고 강조합니다. 학교와 학원에서 시행하는 수많은 프로그램과 여러 방법론에도 불구하고 아이들의 학업 수준이 떨어지는 이유는 우리가 지나칠 정도로 학교와 학원에 의존하고 있기 때문입니다. 학교와 학원은 의존의 대상이 되어서는 안 되고, 교육의 중심을 가정에 두어야 합니다. 그 중심의 변화는 유대인들의 오랜 독서토론 교육과 인성교육을 가장 먼저 우리 가정에 들이는 것으로 시작합니다.

자기주도 가정학습이 공부의 중심입니다

교육의 중심은 가정입니다. 학교나 학원에서 도움을 받을 수는 있지만 어떠한 상황에서도 흔들림 없는 교육을 하기 위해서는 가정학습이 강화되어야 합니다. 물론 부모가 교육의 모든 것을 책임져야 한다는 말은 아닙니다. 학교나 학원을 보낸다 하더라도 자녀가 무엇을 배우고 있는지, 무엇을 어려워하고 있는지 서로 대화를 나누며 도움을 주어야 한다는 의미입니다. 부모는 자녀가 나아갈 방향에 대해 의논하고 공감해 주는 존재입니다.

가장 중요한 학습의 장소 역시 집이 되어야 합니다. 집은 여러분이 가장 많은 시간을 보내는 장소입니다. 또한 공부할 수 있는 최적의 장소로서, 다양한 변수를 스스로 통제할 수 있는 곳입니다. 집이 최적의 학습 장소가 된다면 학원이나 도서관이 문을 열지 않더라도 공부하는 데 어려움이 없습니다.

가정학습을 강화해야 하는 이유는 이뿐만이 아닙니다. 공부한다는 것은 지능과 재능만큼이나 학습동기, 끈기, 인내, 자신감 등 학습태도와 상당한 관련이 있습니다. 이러한 학습태도는 학교에서 가르쳐 주지 않습니다. 여러분이 자라온 가정환경에서 자연스럽게 형성되는 경우가 많습니다.

　부모가 가진 삶의 태도를 통해 자녀는 인내와 끈기를 배웁니다. 격려하고 자신감을 심어주는 부모의 태도에서 자녀들은 학습에 대한 긍정적인 정서를 갖게 됩니다. 재능과 개성을 확인하고, 그것을 키워나갈 내적인 힘을 만들어 주는 최적의 장소는 바로 가정이라는 사실을 인지하고 가정학습을 강화하는 것이 무엇보다 필요한 때입니다.

나만의 공부법 찾기

공부는 열심히 하는데
성적이 오르지 않아요

공부는 머리가 아닌 엉덩이 힘으로 한다는 말이 있습니다. 하지만 책상머리에 오래 앉아 있는 것만으로 성적이 올라가는 것은 아닙니다. 열심히 공부하는 것 같은데 성적이 오르지 않는다면 다음의 내용을 읽고 여러분 스스로 점검해보아야 합니다.

수업 시간이 늘어나면
혼자 공부하는 시간도 늘어나야 합니다

학원에서 열심히 공부해도 성적이 오르지 않는다는 학생들이 있습니다. 그런 학생들과 상담을 해보면, 대체로 방과 후 학원에서 밤 10시까지 학원에서 수업을 듣고 늦은 시간에 집에 돌아옵니다. 시간이 늦어 그날 배운 내용을 복습하거나 자습할 시간이 부족합니다.

사실 학교와 학원 수업은 혼자 공부하는 것보다 효율이 떨어지는 학습 방식입니다. 책을 읽을 때 소리 내어 읽는 것보다 눈으로 읽는 것이 더 빠르지만 기억에 오래 남는 것은 소리를 내어 읽을 때입니다. 수업도 마찬가지로 선생님이 수업 시간에 가르쳐 주시는 내용은 빠르게 귀에 들어오지만 본인이 직접 읽을 때만큼 기억에 오래 남지 않습니다. 수동적으로 듣기만 했기 때문이죠. 즉 학원에서 긴 시간 동안 수업을 들었다고 해도 많은 양의 공부를 한 것은 아닙니다. 학교나 학원 수업은 잘 모르거나 어려운 내용을 이해하기 쉽게 설명하는 방식일 뿐입니다.

따라서 스스로 수업 내용을 되새기며 이해하는 시간이 필요합니다. 특히 공부량이 많아지는 초등학교 고학년부터는 혼자 공부하는 시간이 늘어나야 합니다. 더욱이 학습 내용이 복잡해질수록 듣기만 하는 것으로는 학습 내용을 모두 기억하고 이해하기 어렵습니다. 학습 내용을 구조화하여 머릿속에 정리하는 '혼자 공부하는 시간'이 있어야 비로소 제대로 된 학습이 이루어집니다.

공부하는 시간은 많은데 성적이 오르지 않는다고 생각하나요? 공부 시간 중에 학교나 학원에서 공부하는 것이 아닌, 혼자 공부하는 시간이 얼마인지 살펴보기 바랍니다. 적어도 학원에서 보내는 시간보다는 혼자 공부하는 시간이 많아야 합니다.

수준에 맞는 문제집과
하루 공부량을 찾는 것이 중요해요

헬스장에서 근육을 만들기 위해 아령을 들어올리는 운동을 한다고 생각해봅시다. 처음부터 너무 무거운 아령을 들어올리려고 하면 근육에 부상을 입을 수 있습니다. 그렇다고 너무 가벼운 아령으로 운동을 하면 좀처럼 근육이 만들어지지 않겠지요. 그러므로 적절한 무게의 아령을 선택하고, 꾸준히 운동하면서 점차 아령의 무게를 늘리는 요령이 필요합니다.

적절한 무게의 아령으로 운동하며 꾸준히 근육을 늘려가듯, 공부도 알맞은 수준과 공부량에서 시작하여 서서히 늘려가야 합니다. 예를 들어 수학 문제집을 열심히 푸는데 오답이 너무 많다면, 문제의 난도가 조금 낮은 문제집으로 바꾸어 공부해야 합니다. 오답이 너무 많으면 무기력해지고 공부가 싫어지기 때문입니다.

주변에서 많이 풀고 있는 문제집이라고 해서 무작정 선택한 것은 아닌지, 심화학습을 하기 위해 난도가 너무 높은 문제집을 풀고 있는 것은 아닌지 살펴봐야 합니다. 또한 난도가 너무 낮은 문제집을 푸는 것도 학습 효과가 적습니다. 이미 알고 있는 문제만 반복하여 푸는 것은 단순한 노동일 뿐입니다. 자신에게 가장 적절한 문제집은 문제를 풀고 정답을 확인했을 때 정답률이 70~80퍼센트 정도가 되어야 합니다.

또한 학년이 올라감에 따라 공부량도 늘어나야 합니다. 숙제하는 것에 그치지 말고 예습과 복습을 통해 교과 내용을 깊이 이해하세요. 적절한 운동을 통해 근육이 만들어지듯, 적절한 하루 공부량을 통해 높은 성적의 기반이 만들어집니다.

독서를 통해 긴 글을 읽고 이해하는
독해력을 키워요

공부하는 시간이 많은데 학습 효과가 떨어지는 또 다른 원인은 바로 독해력에 있습니다. 초등학교 고학년 교과서를 살펴보면 수록된 지문의 길이가 상당히 깁니다. 중학교에 올라가면 지문은 더 길어지고, 높은 수준의 이해력이 필요해집니다.

그러니 독서 습관이 잡혀 있지 않아 독해력이 부족한 학생들은 수업 내용을 이해하는 데 어려움을 겪습니다. 국어, 영어, 사회와 같은 과목뿐만 아니라 수학, 과학과 같은 과목도 독해력이 필요합니다. 수학 공식이나 계산법을 몰라서 문제를 풀지 못하는 것이 아니라, 수학 문제의 긴 지문 내용을 이해하지 못하는 경우가 많습니다. 선생님이 문제의 지문을 읽고 설명해 주면 분명 학생 스스로 풀어낼 수 있는 수준입니다. 하지만 학생 스스로 문제의 지문을 이해하지 못한다면 풀어낼 수 없죠.

교과서에 수록된 지문의 길이는 학년이 올라감에 따라 계속 길어지기 때문에, 독해력이 부족해 교과서나 문제를 이해하지 못하는 현상은 점점 더 심해집니다. 특히 사회와 과학에서 어휘가 어려워지는 것을 실감합니다.

시험 문제 역시 서술형 문제가 늘어납니다. 따라서 학년이 올라갈수록 글을 이해하는 독해력뿐만 아니라 자신의 생각을 적절하게 글로 나타내는 표현력도 중요해집니다.

독해력과 표현력을 높이는 가장 좋은 방법은 바로 독서입니다. 공부할 시간도 없는데 책을 읽을 시간이 어디 있냐고요? 독해력과 표현력이 부족하면 아무리 공부하는 시간이 많아도 학습 효율이 떨어집니다. 길고 복잡한 지문의 문제가 어렵게 느껴진다면, 문제를 많이 푸는 것보다 독서에 집중하는 편이 낫습니다.

글을 읽어 내는 능력이 부족하면 아무리 열심히 공부해도 성적이 좀처럼 오르지 않습니다. 하루라도 빨리 여러분의 독서 습관을 점검해보세요. 신문 기사나 사설처럼 중심문장이 뚜렷한 글을 읽는 것도 독해력을 향상시키는 데 도움이 됩니다.

올바른 독해 습관 만들기

1. 글을 읽으며 문장 끊어 읽기, 밑줄 긋기를 습관화하세요.
2. 다음과 같은 순서로 글을 이해하세요.
   문단 나누기 – 문단별 중심문장 찾기 – 의미를 이해하며 끊어 읽기

나만의 공부법 찾기

나에게 맞는 공부법은 어떻게 찾나요

일본의 경제학자이자 세계적인 경영 컨설턴트인 오마에 겐이치는 결심이 아닌 '실행'의 중요성을 강조합니다. 사람이 변화하기 위해서는 시간을 달리 쓰고, 사는 곳을 바꾸고, 새로운 사람을 사귀는 것이 필요한데, 이 모든 것을 실천하지 않고 결심만 하는 것은 무의미한 행위라고 말합니다. 공부를 하겠다고 결심만 한다면 결과가 따르지 않는다는 의미죠. 결심이 섰다면 주위의 환경을 바꾸고 스스로 실천할 때만 변화가 일어납니다.

공부를 열심히 하겠다고 다짐만 하기보다는 공부하는 시간, 공부하는 장소를 새롭게 바꿔 나에게 알맞은 공부 방식을 찾아보세요. 나에게 가장 잘 맞는 공부법이 무엇인지 확인하기 위해서는 선배나 전문가의 소언을 얻고 식섭 실천해보는 섯이 가상 좋습니다.

선배들의 공부법을 참고해 아이디어를 얻고
반드시 실천해보세요

서점에는 공부법과 관련된 책이 무수히 많습니다. 포털 사이트나 유튜브에서도 공부법을 찾을 수 있습니다. 우수한 성적으로 대학에 합격한 선배들이 자신만의 노하우를 책이나 인터넷을 통해 공유하고 있어 쉽게 찾아볼 수 있습니다.

주의해야 할 점은 다른 사람의 아이디어를 맹신하지 말라는 것입니다. 학습자마다 공부하는 환경이 다릅니다. 효율이 높은 공부 방법도 제각각이죠. 워낙 많은 공부법이 있기 때문에 진짜 필요한 정보가 무엇인지 혼동되기도 합니다. 그러다 보면 이것저것 공부 방법에 대한 정보만 수집하며 시간을 낭비하게 됩니다.

일단 여러분이 따라 할 수 있고 적절하다 생각하는 공부 방법을 선택하고 직접 실행에 옮겨보세요. 독서 경영 컨설팅 회사 CEO 유근용 작가는 저서 『1일 1행의 기적』에서 독서 이후 즉각적인 행동의 중요성을 강조했습니다. 가슴이 뜨거워지는 책을 읽었다면 읽는 것에 그치는 것이 아니라 반드시 행동으로 옮겨야 한다고 말합니다. 실행하지 않으면 그 독서는 내 삶에 아무 영향도 끼치지 않고 그저 '읽는 행위'에 그치기 때문입니다.

공부법에 대한 정보만 수집하고 실천하지 않는 잘못을 범하지 마세요. 공부법과 관련한 책과 인터넷 정보를 참고하여 여러분에게 꼭 맞는 공부 방법을 찾아보기 바랍니다. 그리고 반드시 실천에 옮기도록 하세요.

공부법의 효과를 기록하고 나에게 맞는 공부법을 찾아요

뉴질랜드의 대학 교수 닐 플레밍과 콜린 밀스는 학습 유형을 시각Visual, 청각Auditory, 읽기와 쓰기Read/Write, 운동감각Kinesthetic 등 네 가지로 분류했습니다. 그들은 학습자마다 발달한 감각이 다르며, 남들보다 발달한 감각을 통해 학습하는 것이 효율적이라는 사실을 알아냈습니다. 여러분은 어떤 감각을 이용해 학습하는 것이 더 효과적일까요? 다음을 살펴보고 어떻게 공부할 때 더 잘 이해하고 오래 기억할 수 있는지 체크해보길 바랍니다.

공부한 내용을 도형으로 정리하는 '시각 선호형'

시각적인 자료를 활용해 빠르게 이해하는 학습 유형입니다. 필기하거나 노트를 정리할 때, 도형을 이용해 정보를 정리하는 것을 즐긴다면 '시각 선호형' 학습자입니다. 이들은 그래프, 차트, 화살표, 다이어그램, 지도와 같은 시각적 기호를 활용하여 공부하고, 이해한 내용을 그림이나 마인드맵으로 체계화하여 기억합니다. 시각 선호형 학습자는 배운 내용을 글과 그림으로 나누어 표현하는 비주얼 싱킹Visual Thinking을 활용하여 공부하는 편이 좋습니다.

녹음한 내용을 다시듣기하며 공부하는 '청각 선호형'

학습 내용을 음성으로 들으며 공부하면 효과가 좋은 학습 유형입니다. 라디오나 음악을 듣기 좋아하는 학생들이 '청각 선호형' 학습자인 경우가 많습니다. 눈으로 읽는 공부보다는 학습 내용을 소리 내어 읽으면서 공부할 때 더 오래 기억합니다. 등하교 시간에 녹음한 수업 내용을 반복해서 청취하면 효과적입니다. 직접 학습 내용을 읽으며 녹음하고, 그 내용을 들으면서 복습하는 것을 추천합니다.

노트에 정리하며 공부하는 '읽기와 쓰기 선호형'

학습 내용을 읽거나 노트에 옮겨 적으면서 학습하는 유형입니다. 공부할 때 밑줄 긋기를 좋아하고, 선생님의 말씀을 잘 요약해서 정리하는 학습자가 '읽기와 쓰기 선호형'에 해당합니다. 글로 표현한 정보를 선호하기 때문에 교과서나 참고서를 여러 번 읽으며 공부하는 것을 추천합니다. 글을 읽고 요약하여 노트를 정리하는 것이 효과적이며, 스스로 정리한 노트를 읽으며 복습하면 뛰어난 성과를 얻을 수 있습니다.

직접 몸을 움직이며 기억하는 '운동감각 선호형'

운동감각과 촉각이 발달한 유형으로 직접 만지고 행동하면서 학습하는 유형입니다. 이 유형의 학습자는 가만히 앉아서 공부하는 것보다는 조별 활동을 하면서 함께 공부하거나, 몸을 움직이며 신체를 자극하는 '운동감각 선호형'입니다. 이 유형은 과학 실험을 즐기며 사회적 현상이나 상황을 직접 체험하며 학습하는 것이 효과적입니다.

물론 앞서 소개한 네 가지 학습 유형 중에서 하나를 선택할 필요는 없습니다. 한 가지의 학습 유형을 고수하기보다는 다양한 학습 방법을 시도해보는 것이 좋습니다. 상황과 과목에 따라 자신에게 맞는 학습 방법을 찾아보길 바랍니다. 학습 방법을 실천하고 결과를 기록하는 것도 매우 중요합니다. 다음은 청각 선호형 학습자의 학습 후기입니다.

날짜	4월 7일
책이름	고구려 영어독해문제집 (가나다 출판사)
기대	부록으로 CD가 포함된 영어교재를 구입하면 독해력이 늘어나고 듣기 실력도 향상될 것이다.
결과	생각보다 CD 듣기가 불편하다. CD를 활용하지 않게 된다. QR코드를 활용해 정보를 제공하는 있는 영어교재가 편리할 것 같다.

이처럼 참고서나 문제집을 풀고 난 후에 솔직하게 만족도를 기록해보세요. 다양한 학습 방법을 실천하고 그 결과를 기록해 놓으면, 자신의 학습 성향을 파악할 수 있게 됩니다.

나만의 공부법 찾기

참고서나 문제집은
어떻게 선택하나요

　공부 방법은 사람마다 각자 다르기 때문에 참고서나 문제집도 학습자마다 선호하는 스타일이 다를 수밖에 없습니다. 그러므로 서점에 직접 방문하여 여러 교재를 살펴보고 난도를 확인하는 작업이 필요합니다.

　문제와 해설이 눈에 잘 들어오는 구성의 교재를 선택해야 하는데, 참고서와 문제집의 종류가 워낙 많아 어떤 것을 선택해야 할지 잘 모르겠다면 다음을 참고하여 교재를 선택해보세요.

　국어, 수학, 영어 과목별로 살펴보겠습니다.

국어는 문학과 비문학 문제집을
구분해서 풀어요

국어 공부는 독서 습관에서 시작합니다. 초등학교 저학년의 경우, 혼자서 문고 수준의 책을 잘 읽고 즐긴다면 걱정할 것이 없습니다. 하지만 고학년이 되어서도 학습만화만 읽는다면 큰일입니다. 이 경우에는 문제집을 풀기보다는 호흡이 긴 책을 읽으며 연습을 해야 합니다. 여러분이 좋아하는 분야의 책을 재미있게 읽으면 됩니다. 청소년 문학이나 추리소설도 좋겠네요.

중학생부터는 문학과 비문학을 구분하여 문제집을 풀어보는 것도 좋습니다. 다양한 글을 읽고 해석하며 문제를 풀어보면 국어의 문제 유형을 익힐 수 있습니다. 문학은 시대별로 작품을 읽고 핵심 내용을 정리해 두는 것이 좋습니다. 비문학은 생소한 단어를 따로 정리해 개념노트를 만드는 것이 도움이 됩니다.

수학은 연산 연습을 많이 하고
수준에 맞는 문제집을 풀어요

초등학교 수학은 기초를 탄탄하게 다지는 시기로 연산을 정확하게 하는 연습이 필요합니다. 하지만 중학교 수학의 선행학습에만 몰두하다 보면 연산 공부를 소홀히 하게 됩니다. 이럴 경우 초등학교 5학년 약수와 배수, 통분과 약분 부분에서 문제가 발생합니다.

이때 어려움을 느낀 학생들은 수학을 포기하거나 중학교에 진학하여 다시 초등 수학을 복습해야 하는 상황이 생기기도 합니다.

진도에 연연하지 말고 차근차근 공부하세요. 앞의 내용을 이해하지 않은 채 선행으로 진도만 나가는 것은 모래 위에 성을 쌓는 것이나 마찬가지입니다. 연산에서 실수가 잦거나 연산 속도가 느리다면, 먼저 연산 연습을 할 수 있는 문제집을 선택하세요.

학년이 올라가면 문제의 유형이 다양해집니다. 수학 과목은 각 출판사에서 '기본 - 응용 - 심화'로 난도를 구분해서 시리즈로 묶어 출판합니다. 따라서 여러분에게 맞는 난도의 교재를 골라 문제를 푸는 것이 좋습니다. 처음에는 개념 설명이 충실하고 문제가 쉬운 교재를 선택합니다. 그 이후에 점차 난도가 높은 응용 문제집으로 실력을 다지는 것이 좋습니다.

문제집의 모든 단계를 풀어야 하는 것은 아닙니다. 심화 문제의 경우, 다음 단계의 내용을 배우면 자연스럽게 알게 되는 경우가 많습니다. 따라서 난도를 높이는 것에 집착하지 마세요.

수학에 자신이 있고 학습 시간에 여유가 있다면 여러 출판사의 다양한 문제 유형을 풀어보는 것이 좋습니다. 반대로 수학을 어려워한다면 여러 문제집을 풀기보다는 한 문제집을 반복하여 풀며 완벽하게 이해하기를 권합니다. 단 종류에 상관없이 해설집의 문제 해설의 퀄리티가 좋은 교재를 선택하세요.

영어는 교과서와 같은 출판사의 문제집으로 공부해요

영어는 여러 과목 중에서도 가장 공부량이 방대하고 학습자의 수준이나 스타일이 천차만별인 과목입니다. 시중에 나와 있는 문제집도 무척 다양하여 자신의 수준과 학습 방법에 따라 다양한 문제집을 선택할 수 있지만 내신에서 중요한 것은 교과서 입니다. 다음은 교과서와 병행하여 공부하기 좋은 영어 문제집입니다.

추천하는 영어 교재

어휘	워드 마스터 시리즈(이투스북) 뜯어먹는 중학 영단어 1800(동아출판) 초빈출 중학 영단어(좋은책신사고) VOCA PLANNER(다락원)
문법	혼공기초영문법(쏠티북스) 중학영문법 3800제(마더텅) 문제로 마스터 하는 중학영문법(NE능률) 중학생을 위한 시험영문법(디딤돌교육)
구문	혼공기초구문(혼공북스) 천일문(쎄듀)
듣기	마더텅 100% 실전대비 MP3 중학영어듣기(마더텅) 능률 중학영어듣기 모의고사(NE능률)
독해	리딩튜터(NE능률) 리더스 뱅크(비상교육) 서브젝트링크(NE능률) 인사이트링크(NE능률)

시험 문제는 교과서의 지문을 활용히여 출제되기 때문에 교과서를 무시하면 아무리 영어 실력이 좋아도 높은 성적을 받기 어렵습니다. 따라서 참고서나 문제집은 학교 교과서와 같은 출판사의 교재를 선택하세요. 평소에는 '어휘 / 문법 / 구문 / 듣기 / 독해'로 나누어 학습하세요. 부족한 부분이 있다면 집중적으로 공부하기를 추천합니다.

나만의 공부법 찾기

한번 결정한 공부법은
계속 고수해야 하나요

세상의 모든 일이 그러하듯, 공부도 오늘 하루 열심히 했다고 해서 내일 당장 성적이 올라가지는 않습니다. 하지만 공부법을 정해서 매일 노력하면 점차 실력이 올라갑니다. 우직하게 밀고 나가야 성적이 오릅니다. 그렇지만 한번 결정한 공부법을 계속 고수해야 하는 것은 아닙니다.

손자병법 구변九變에는 '적의 움직임을 쫓아 수시로 임기응변하기 위해서는 전쟁터의 상황에 맞춰 기본 전술을 끊임없이 변화해야만 한다.'라는 내용이 나옵니다. 공부도 마찬가지입니다. 한번 결심한 것을 우직하게 실천하는 것도 중요하지만, 상황에 따라 공부 방법을 적절히 바꾸는 것도 필요합니다.

공부법을 결정하고
3주 동안 실천해요

세계적인 습관 형성 전문가이자 작은 습관Mini Habits 전략을 창시한 스티브 기즈는 '탄력성'의 중요성을 강조했습니다. 꾸준함도 좋지만, 상황에 따라 탄력성과 융통성을 보여야 지지치 않고 목표를 향해 나아갈 수 있습니다.

그리고 목표를 향해 나아가는 힘인 실행력을 높이기 위해서는 피드백이 중요합니다. 과도한 욕심으로 달성하기 어려운 목표나 계획을 세워 실패했다면 자책하지 마세요. 다음 목표와 실천 계획을 수정하면 됩니다.

하지만 방법을 자주 바꾸는 것은 좋지 않습니다. 미국의 의사 존 맥스웰은 습관이 되기 위한 최소의 기간을 21일로 보았습니다. 공부 계획을 세울 때에는 여러분이 생각하는 목표의 80퍼센트 정도만 설정하고 시작하세요. 3주간 꾸준히 실천하고 목표를 달성하다 보면 공부 습관이 생깁니다. 이후 조금씩 공부량을 늘려 계획을 수립하세요.

어떤 공부법이 효과적인지 기록하고
다시 계획을 수립해요

스스로를 돌아보고 점검하는 가장 좋은 방법은 '기록'하는 것입니다. 선배들의 공부 방법을 참고하여 실천해보고 그 결과를 기록하기 바랍니다. 공부 결과에 대한 기록이 누적되면 자신에게 부족한 부분을 깨닫게 됩니다. 부족한 부분을 보완할 수 있도록 목표를 수정하고 공부 방법을 바꾸며 여러분에게 가장 적합한 공부법을 찾아보세요. 이처럼 공부 방법을 끊임없이 수정하고 점검한다면 학습 습관을 바로잡는 것뿐만 아니라 자신에 대한 이해도 깊어진답니다.

알맞은 학습 목표, 공부량, 학습 방법을 찾는 데 가장 중요한 것은 자신의 상황을 제대로 파악하고 있는지의 여부입니다. 하루 중에 낭비하고 있는 시간은 얼마나 되는지, 과목별로 공부가 가장 잘 되는 시간은 언제인지, 어디에서 공부가 가장 잘 되었는지를 알아보세요.

시행착오를 두려워하지 말고 다양한 공부 방법을 시도해보세요. 지금 실행하고 있는 공부 방법이 옳은지 의심하며 갈팡질팡하지 마세요. 일단 실천하고 점검하며 나아가야 합니다. 나에게 알맞은 공부 방법을 찾는 과정을 이겨내면 어느 순간 성장해 있는 자신을 발견할 수 있답니다.

가정학습
계획과
목표를
수립하라

시간을 지배할 줄 아는 사람은
인생을 지배할 줄 아는
사람이다.

에센 바흐

가정학습 계획하기

최고의 결과는
완벽한 가정학습 계획이 만든다

　넓은 바다에서 오랜 시간 항해를 해야 하는 항해사들은 어떻게 아무것도 없는 바다에서 길을 찾아갈까요? 항해사들은 매일 나침반과 지도를 보며 내가 어디까지 왔는지, 어느 방향으로 가야 하는지, 목적지가 얼마나 남았는지 확인합니다.

　여러분의 모습도 이와 비슷합니다. 짧게는 눈앞의 학교 공부와 시험, 조금 더 멀게는 수능까지 오랜 시간 목적지를 향해 달려가고 있습니다. 하지만 바다 위를 항해하는 것처럼 무엇 하나도 뚜렷하게 보이지 않습니다.

　앞으로는 무작정 공부하는 것이 아니라 항해사들처럼 어디까지 왔는지와 어느 방향으로 얼마나 더 나아가야 하는지를 생각하며 공부해야 합니다. 공부할 시간과 공부량을 나누어 체크하고 이를 바탕으로 학습 계획을 세워야 합니다. 다음에 이어질 내용을 참고하여 완벽한 가정학습 계획을 세워봅시다.

10분 단위로 타임 트래커를 기록해 자신의 생활패턴을 알아봐요

지피지기백전불태知彼知己百戰不殆라고 나를 알아야 상대를 이길 수 있다고 하죠. 가정학습 계획을 세우기 위해 먼저 여러분의 하루는 어떻게 흘러가는지 살펴봅시다. 여러분의 하루 중에서 공부할 수 있는 시간이 어느 정도인지, 무의미하게 흘려보내는 시간은 없는지 확인하면 알찬 가정학습 계획을 세울 수 있습니다.

시간	내용
06	기상 및 씻기
07	아침 식사 + 영어 듣기
08	국어 수능특강 문학 2강
09	국어 수능특강 비문학 3강
10	메가스터디 53~55쪽 문제풀이
11	수학 수능특강 4강 전체 문제풀이
12	수학 수능특강 5강
13	점심 시간
14	수학 수능특강 5강 전체 문제풀이
15	양치 및 낮잠
16	영어 수능특강 2~3강 오답 정리
17	영어 수능특강 4강 모르는 단어 정리
18	영어 듣기 복습
19	저녁 및 휴식
20	↓
21	독서 「그릿」
22	↓
23	단어장 3장 암기
24	취침

하루 일과를 파악하는 방법으로 '타임 트래커'를 사용해보세요. 타임 트래커는 하루 24시간을 10분 단위로 나눈 표입니다. 타임 트래커에 하루의 시간을 어떻게 보내고 있는지를 꼼꼼하게 형광펜으로 색칠하며 기록하세요. 예를 들어 아침 6시 30분부터 7시까지 일어나서 씻었다면, 해당 칸에 형광펜으로 표시하고 '기상 및 씻기'라고 기록합니다. 이때 행동에 따라 형광펜의 색을 다르게 한다면 한눈에 하루 일과를 알아볼 수 있겠죠.

타임 트래커를 일주일 정도 사용하면 평소에 어느 시간대에, 얼마나 공부하는지 알 수 있습니다. 월요일부터 일요일까지 생활패턴을 분석하고 확인한 후 다음으로 넘어갑니다.

공부에 집중하는 시간을 스톱워치로 측정해요

타임 트래커로 생활패턴을 분석했다면 이제 집중 시간을 파악하고 그에 맞춰 가정학습 계획을 세울 차례입니다. 학교나 학원에서 수업을 마치고 잠시 쉬는 시간을 갖는 이유는 물도 마시고 화장실도 다녀오면서 다시 집중할 수 있도록 휴식하기 위함입니다. 2~3시간 연속해서 공부하면 집중력이 떨어지고 공부 효율도 오르지 않습니다. 따라서 타임 트래커로 확인한 하루 공부 시간을 집중 시간에 맞추어 더 상세하게 나누어야 합니다.

먼저 집중 시간을 알아보기 위해서는 스톱워치가 필요합니다.

공부를 시작하기로 마음먹었다면 스톱워치를 작동시킵니다. 그리고 최대한 집중해서 공부를 시작합니다. 공부를 하다 보면 머리가 아프고 더 이상 공부가 하기 싫은 순간이 옵니다. 그때 공부를 시작할 때 켜두었던 스톱워치를 멈추고 공부에 집중한 시간을 확인합니다.

이런 방법으로 여러 번 스톱워치 기능을 이용해 공부한 시간을 확인하면, 여러분이 얼마 정도의 시간동안 집중할 수 있는지 알 수 있습니다. 조금 더 자세히 알아보고 싶다면 문제를 풀 때 집중할 수 있는 '문제 풀이 집중 시간'과 핵심 개념을 이해하고 암기할 때 걸리는 '개념 암기 집중 시간'을 구분하여 각각 시간을 확인할 것을 추천합니다.

집중 시간을 확인했다면 이에 맞춰 휴식 시간도 정하면 됩니다. 예를 들어 20분 동안 집중했다면 휴식 시간은 5분, 40분 동안 집중했다면 휴식 시간은 10분과 같은 식입니다. 휴식 시간이란 단순히 노는 시간이 아니라 잠시 머리를 식히고 다시 집중력을 높이는 데 필요한 시간이라는 점을 생각하며 정합니다.

집중 시간과 쉬는 시간이 정해지면, 이제 하루 동안 할 수 있는 공부의 양을 계획합니다. 하루 공부 시간 중 집중 시간마다 해야 할 공부를 결정합니다. 만약 30분이라는 집중 시간이 주어졌다면 공부하고자 하는 분량을 최대한 구체적으로 적어봅니다. '〈수학〉 I 챕터의 1-1단원 개념 복습 및 모든 문제 풀이', '〈사회〉 III 챕터의 2-1단원 개념 강의 듣기 및 빈칸 채우기 풀이'와 같이 최대한 구체적으로 적으면 30분을 허투루 보내지 않고 목표한 양을 시간 내에 달성할 수 있습니다. 집중 시간이 끝나면 잠시 휴식하고 다시 집중해서 공부해 보세요.

공부할 과목의 우선순위를 정하고 공부량을 결정해요

가정학습 계획을 세우는 세 번째 단계는 공부의 우선순위를 결정하는 것입니다. 모든 일에는 우선순위가 있고 시간은 한정되어 있기 때문에 여러분은 더 중요한 일에 시간을 써야 합니다. 공부에 있어 우선순위는 '과목의 중요성'과 '시험 일정'에 따라 달라집니다. 중요한 과목일수록, 그리고 시험일이 가까울수록 공부의 우선순위가 높아집니다.

공부의 우선순위 정하기

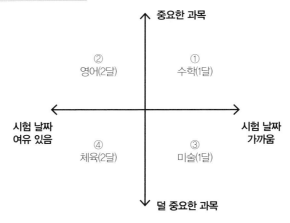

앞의 그래프를 참고하여 노트에 해야 할 공부 목록을 기록합니다. 과목의 중요성과 시험 일정에 따라 그래프에 공부 목록을 표시합니다. 만약 중요한 과목인 수학 시험이 한 달 앞으로 다가와 시험 일정이 얼마 남지 않았다면 영역 ①에 기록합니다. 영어는 중요한 과목이지만 시험 일정에 여유가 있다고 생각하면 영역 ②에 기록합니다. 미술 과목은 시험 일정이 가깝지만 필기시험이 상대적으로 덜 중요하다고 생각되어 영역 ③에, 필기시험의 비율이 낮고 시험 일정에 여유가 있는 체육은 영역 ④에 기록합니다. 과목에 따라 어느 영역에 기록할지 판단하는 것은 여러분이므로 신중하게 고민하기 바랍니다.

이제 중요한 과목부터 우선으로 공부하도록 가정학습 계획을 세웁니다. 시험 일정이 얼마 남지 않은 영역 ①과 ③의 공부에 집중하며, 시험 일정이 점점 다가올수록 영역 ②의 공부량을 늘려 나갑니다. 영역 ④의 과목은 시험이 얼마 남지 않았을 때 공부할 양을 적절히 넣어주는 식으로 가정학습 계획을 세웁니다.

월간 및 주간 가정학습 계획을 세우고 매일 실천해요

가정학습 계획은 한 달 단위로 세우는 것을 추천합니다. 1년 혹은 6개월 단위로 계획을 한다면 변화하는 상황에 대처하기 어렵고 공부가 너무 길게 느껴질 수 있기 때문입니다. 학기별로 해야 할 공부의 범위가 정해져 있으므로 이를 바탕으로 한 달 단위 가정학습 계획을 세워봅시다.

중학교의 경우, 중간고사와 기말고사를 준비해야 하는 달과 예습과 복습을 해야 하는 달로 나누어집니다. 한 달을 기준으로 가정학습 계획을 세우면 해당 월의 목표에 적합한 학습 계획을 세울 수도 있습니다. 한 달의 가정학습 계획을 세우면 이것을 다시 일주일 단위로 나누어 매주 일요일마다 이어질 한 주의 가정학습 계획을 세우면 됩니다.

가정학습 계획은 약간 여유 있게 세우는 것이 좋습니다. 매일 정해진 공부량만큼 공부를 할 수 있다면 좋겠지만, 갑자기 일정이 생긴다거나 몸이 좋지 않아 공부량을 채우지 못하는 경우도 있습니다. 이럴 때에는 그 다음날 공부량이 두 배로 늘어나는데, 계획에 여유가 없다면 실천하지 못할 수 있기 때문입니다. 따라서 하루 정도는 비워두고 그 주에 다하지 못한 공부를 마무리합니다. 여유 있는 일정으로 그 날의 모든 공부를 마쳤다면 다음 주에 해야 하는 공부를 미리 조금 해두는 식으로 유연하게 가정학습 계획을 조정합니다.

잘 보이는 곳에 가정학습 계획표를 붙이고 스스로 칭찬해요

마지막으로 가정학습 계획을 알기 쉽게 노트에 정리하고 잘 보이는 곳에 붙여둡니다. 하루하루 공부하면서 계획을 잘 지키고 있는지, 앞으로 얼마나 공부를 해야 하는지를 확인합니다. 계획대로 공부한 날에는 잘했다는 의미의 스티커를 붙이거나, 동그라미로 표시하여 스스로 칭찬해주세요. 학습 계획을 자주 확인하며 공부의 큰 흐름을 놓치지 않고 매일 해냈다는 성취감을 느끼세요. 하루하루 공부량이 늘어나고 있는 여러분 자신을 확인한다면 매일의 공부가 힘들게 느껴지지 않습니다.

타임 트래커, 스톱워치, 가정학습 계획표를 통해 여러분에게 알맞은 학습 계획을 수립한다면 공부라는 넓은 바다에서 길을 잃지 않고 당당하게 나아갈 수 있습니다. 목표한 곳으로 노를 저어나가 원하는 목적지에 도착할 날을 상상하며 열심히 공부해 봅시다.

가정학습 계획하기

가정학습 계획은 시간이 아닌 '공부량'으로 결정하라

시험 기간이 되면 반에 한두 명 정도는 꼭 "어제 몇 시간 공부했어?"라고 묻습니다. 몇 시간을 독서실에 있었고, 몇 시간을 공부했다며 자랑하는 친구들도 있습니다. 이런 친구들의 이야기를 듣고 있으면 여러분만 공부를 덜 한 것은 아닌지 불안해집니다. 그런데 과연 이 친구들은 정말 그 시간 동안 온전히 공부만 했을까요?

교육컨설턴트 김도윤의 저서 『1등은 당신처럼 공부하지 않았다』는 수능 만점자 30인의 인터뷰를 담은 책입니다. 이 책에 따르면 대부분의 수능 만점자들은 시간이 아닌 '공부량'을 기준으로 공부 계획을 세웠다고 합니다. 단순히 공부한 시간으로는 공부의 질을 측정하기 어렵기 때문입니다.

'수학 3시간'과 같이
시간으로 공부 계획을 세우지 마세요

만약 같은 한 시간을 공부했는데 어떤 학생은 3문제를 풀었고, 다른 학생은 10문제를 풀었다면 두 사람의 공부량이 같다고 할 수 있을까요? 가정학습 계획을 세울 때 과목별 공부 시간만 정한다면 다음과 같은 잘못된 유형의 학습자가 생겨납니다.

공부 시간 내내 딴 생각만 하는 유형

공부를 열심히 하지 않으면서 의자에 앉아 있는 시간만 많은 유형입니다. 이 유형은 목표로 세운 공부 시간의 대부분을 딴생각이나 낙서를 하는데 보내고 제대로 된 학습은 하지 않습니다.

공부 시간이 끝나고 찾아온 휴식 시간은 정당하게 쉴 수 있는 시간이므로 죄책감 없이 또 다른 방식으로 휴식을 취합니다. 이렇게 시간을 보내면 가정학습 계획을 세워도 아무런 학습의 성과가 없습니다.

계획한 시간을 채우고 바로 책을 덮는 유형

계획한 시간이 지나면 더 공부를 할 수 있는 상황에서도 공부하지 않는 유형입니다. 공부를 하다 보면 점점 집중력이 오르고, 그날따라 공부가 잘되는 날이 있습니다. 그런데 문제가 술술 풀리던 차에 계획한 공부 시간이 끝나는 알람 소리가 울리는 경우가 있죠. 혹은 10분 정도만 더 하면 숙제를 마무리할 수 있는데 정해 두었던 점심 식사 시간이 되었습니다.

이런 경우에 이 유형의 학생들은 과감히 책을 덮습니다. 추진력을 받고 술술 풀리던 공부를 정해진 시간이 다 되었다는 이유만으로 즉시 멈춰버리는 것이죠. 조금만 더 공부하면 마무리를 지을 수 있지만 그것을 내일이나 다음 학습 시간으로 미루어 버리는 유형입니다.

시간의 압박을 느껴 집중하지 않는 유형

계획한 시간 안에 공부량을 다 해야 한다는 압박이 있는 유형입니다. 공부를 하다 보면 생각보다 진도가 잘 나가지 않는 경우가 있습니다. 문제가 잘 풀리지 않기도 하죠. 계획한 공부 시간이 끝나가지만 남은 과제와 문제가 많습니다. 이럴 때는 꼼꼼하게 학습하지 않고 무작정 많은 진도를 빠르게 나아가려는 일이 발생합니다.

시간의 압박을 느끼다 보니 공부할 내용이 눈에 잘 들어오지 않고 마음이 조급합니다. 쉬운 문제를 실수하기도 하고 개념 이해가 잘 되지 않아 같은 부분을 몇 번이고 반복해서 읽게 되는 경우가 발생합니다. 문제를 많이 푸는 데만 급급해 오답정리는 전혀 하지 않습니다. 공부할 분량은 많은데 시간은 너무 짧게 잡았을 때 흔히 발생하는 유형입니다.

문제 개수를 정하거나
특정 단원까지 공부하는 것을 목표로 해요

진정한 공부를 하기 위해서는 가정학습 계획을 시간이 아닌 '공부량'을 기준으로 설정해야 합니다. 우리가 가정학습 계획을 세우는 이유는 학습 범위의 내용을 확실히 이해하고 넘어가기 위함입니다. 즉 정해진 공부 시간을 채우기 위해서가 아니라, 배워야 하는 내용을 이해하고 그것을 적용하여 문제를 해결할 능력을 기르기 위해 가정학습 계획을 세우고 공부해야 합니다.

공부량을 기준으로 가정학습 계획을 세운다면, 실제로 '해야 하는' 공부가 기준이 되기 때문에 공부의 목적에 맞는 계획을 세울 수 있습니다. 그렇다면 가정학습 계획을 세울 때 공부량을 결정하는 방법에 대해서 알아봅시다.

먼저 과목에 따라 학습 유형을 나눕니다. 예를 들어 수학은 개념 이해, 문제 풀이 등의 학습 유형으로 구분할 수 있습니다. 영어는 단어 외우기, 듣기 및 읽기, 문제 풀이 등의 학습 유형으로 구분합니다.

그 다음에는 학습 유형에 따라 집중 시간 동안 얼마만큼의 공부를 할 수 있는지 스톱워치로 시간을 측정합니다. 3~4회 반복하다 보면 집중 시간 동안 할 수 있는 과목별, 학습 유형별 공부량을 확인할 수 있습니다.

이제 집중 시간 동안 할 수 있는 공부량을 기준으로 가정학습 계획을 구체적으로 수립합니다. 만약 수학과 영어를 공부해야 하는 날 쉬는 시간을 제외하고 하루에 2시간을 온전히 공부할 수 있다면 과목별 공부량에 따라 집중 시간을 나눕니다. 예를 들어 수학의 공부량이 더 많다면 120분의 시간 중 수학을 80분, 영어를 40분으로 배분합니다. 수학에 배정된 80분을 개념 공부와 문제 풀이로 다시 쪼개는 방법으로 세분화합니다. 좀 더 보기 쉬운 형식으로 정리하면 다음과 같습니다.

홍길동의 학습 계획
공부한 날 : 5월 15일

- 수학 1단원 1차시 개념 이해 + 개념 적용 문제
  풀기 → 40분 / 휴식 10분
- 수학 1차시 연습 문제 20개 풀기 + 오답노트
  작성하기 → 40분 / 휴식 10분
- 영어 지문 2개 풀기 + 모르는 단어 정리 하기
  → 30분 / 휴식 10분
- 영어 단어 20개 외우기 → 10분 / 휴식 5분

이와 같이 가정학습 계획을 정리하고 하루의 성과를 기록해 보세요. 매일 공부량을 확인할 수 있으며 공부하다가 늘어지는 것을 방지할 수 있습니다. 매일 공부한 시간을 기록하면서 점점 늘어나는 집중 시간과 공부량을 확인하는 즐거움도 느낄 수 있습니다. 시간이 아닌 공부량을 기준으로 가정학습 계획을 세워 실천하면서 지금보다 더 효율적으로 공부해봅시다.

가정학습 계획하기

반드시 달성할 수 있는
가정학습 목표를 세우자

　스톱워치와 가정학습 계획표, 참고서와 필기구를 책상에 두고 의자에 앉으면 왠지 무엇이든 할 수 있다는 기분이 듭니다. 매일 3시간은 충분히 집중할 수 있고 문제집도 일주일이면 풀 수 있다는 자신감이 생겨납니다.

　하지만 막상 공부를 시작하면 계획을 지키는 것이 쉽지 않습니다. 문제가 어려워 시간이 오래 걸리기도 하고, 급한 일이 생겨 공부할 시간이 없기도 합니다. 계획한 공부를 다 하지 못하고 조금씩 미루다 보면, 공부할 양이 쌓여 있는 것을 발견하게 됩니다. 그리고 계획을 지키지 못했다며 자책하고 늘어난 공부량에 어쩔 줄 몰라 하죠. 이런 결과는 계획을 세울 때 깊이 고민하지 않았기 때문에 발생합니다.

우리는 스스로 결정한 계획을 해냈을 때 강한 성취감을 느낍니다. 성취감이 모여 자신감이 되고, 자신감이 생기면 어떤 일이든 할 수 있다는 긍정적인 마음을 가지게 됩니다. 가정학습 역시 계획을 완수했을 때 성취감과 자신감, 긍정적인 정서를 얻을 수 있으며 지속력이 생겨 공부를 계속할 수 있게 됩니다. 따라서 가정학습 계획을 세울 때에는 반드시 달성할 수 있는 목표를 세우고, 매일 노력해야 합니다.

계획대로 공부하는 경험을 통해
자기효능감을 키워요

하버드대학교 심리학과 교수인 로버트 로젠탈은 초등학교 담임 선생님에게 무작위로 뽑은 학생들의 명단을 넘겨주며 이들은 성적이 오를 학생들이라고 알려주었습니다. 실제로는 아무 근거도 없었지만 담임선생님은 명단의 학생들이 성적이 오를 것이라고 믿었고, 자신도 모르게 그 학생들에게 더 많은 칭찬과 긍정적인 관심을 기울이게 되었습니다. 8개월 뒤, 신기하게도 명단의 학생들은 지능지수와 성적이 이전보다 상승했습니다. 이처럼 학생들에게 긍정적인 메시지를 전달하면 실제로 좋은 결과를 얻게 되는 효과를 '로젠탈 효과' 혹은 '피그말리온 효과'라고 합니다.

위의 심리실험에서 칭찬과 격려, 잘할 수 있다는 기대를 받은 아이들의 지능지수와 성적이 상승한 것처럼, 가정학습 역시 긍정적인 경험을 쌓으면 자신감이 생기고 긍정적인 생각으로 이어져 공부에 재미를 느끼게 됩니다. 공부에 즐거움을 느끼게 되니 더 열심히 공부를 하게 되고, 더 좋은 성적을 받아 자신감이 커지는 긍정적인 결과가 반복됩니다.

가정학습에 대한 긍정적인 경험은 목표를 실천하는 것을 통해 쉽게 쌓을 수 있습니다. 스스로 정한 작은 목표를 실천하면서 오늘도 해냈다는 성취감을 얻으면 다음 날도 목표를 실천하고 싶은 마음이 생깁니다.

매일 작은 목표를 성취하면서 얻는 기쁨은 캐나다의 심리학자 알버트 반두라가 주장한 자기효능감을 쌓는 것에도 큰 도움이 됩니다.

자기효능감이란 스스로 어떤 일을 해낼 수 있다고 믿는 마음입니다. 자기효능감을 쌓기 위해서는 '성취 경험'이 필요합니다. 목표를 달성하기 위해 노력한 경험 중 성공과 관련된 경험이 많으면 새로운 장애물을 만났을 때도 과거의 경험을 떠올리며 극복할 수 있습니다. 무언가를 이루는 경험은 되도록 많이 쌓는 것이 중요합니다. 따라서 무리한 목표가 아닌, 달성할 수 있는 목표를 세워 자주 이루는 상황을 반복적으로 경험하는 것이 중요합니다. 자기효능감이 높은 학생들은 어려운 문제를 만나더라도 자신이 이 문제를 풀어낼 수 있다는 믿음이 있기 때문에 끊임없이 공부에 도전합니다.

반대로 목표를 너무 높게 설정해서 성취하지 못하는 경험을 자주 하면 어떤 일이 일어날까요? 긍정심리학으로 유명한 미국의 심리학자 마틴 샐리그먼은 피할 수 없거나 극복할 수 없는 상황에 자주 처했을 때 사람은 무기력을 학습한다고 말합니다. 무기력에 빠진 사람들은 자신이 충분히 해결할 수 있는 문제에서도 노력하지 않고 포기합니다. 목표를 무리하게 잡으면 목표 달성에 실패하는 경험을 더 자주 하게 되기 때문에 하루 동안 충분히 할 수 있는 양의 가정학습 공부량을 마주할 때도 쉽게 포기하고 무기력하게 계획을 포기하곤 합니다.

최소한의 계획을 반드시 달성하고 성공 경험을 최대한으로 쌓아요

그렇다면 무리한 목표가 아닌 달성 가능한 목표는 어떻게 세울 수 있을까요? 목표를 세울 때 우리는 자신도 모르게 내가 할 수 있는 양이 아닌 '하고 싶은 양'을 기준으로 계획을 세우곤 합니다.

하지만 오늘따라 집중력은 떨어지는 데 어려운 문제는 잇따라 등장합니다. 예상치 못하게 두통이 생기기도 하고, 고민이 많은 친구와 전화 통화를 오래 하기도 합니다. 목표했던 학습 계획에 변수가 생기는 것이죠. 그렇게 목표했던 공부량을 채우지 못하면 자책하게 됩니다.

앞서 소개한 가정학습 계획을 세우는 요령을 다시 한 번 확인해보세요. 먼저 공부할 수 있는 시간의 양을 확인합니다. 그리고 집중 시간을 30~40분 징도의 단위로 나누어 공부시간을 구분합니다. 쉬는 시간을 포함해야 한다는 사실도 잊지 마세요.

이제부터 중요합니다. 해당 집중 시간동안 여러분이 할 수 있는 최소한의 공부량과 최대한의 공부량을 책에 표시합니다. 최소한의 공부량을 오늘의 목표로 삼고, 그보다 더 많이 공부했다면 그만큼은 보너스 공부라고 생각하세요. 보너스 공부를 달성한 날이 많아질수록 더 많은 성공 경험을 할 수 있습니다.

사람들이 누가 시키지 않아도 스스로 취미 생활을 하는 이유는 취미를 통해 즐거움을 얻기 때문입니다. 공부도 취미가 되면 좋겠지만 사실상 쉬운 일은 아니죠. 그렇기에 공부를 통해 매일 즐거움을 얻는 것은 무척 어렵습니다. 하지만 여러분이 세운 계획을 달성해 나가면서 소소한 기쁨을 얻는다면, 점점 공부에 자신감이 쌓이고 어느새 즐거움까지 느낄 수 있게 됩니다.

가정학습 계획하기

가정학습 계획을 재검토하는 여유가 필요하다

여행 계획을 30분 단위로 완벽하게 세워 두었지만 버스가 늦거나 길을 잃으면 어떻게 될까요? 예상치 못한 일로 계획에 차질이 생기면 이후 일정은 엉망이 됩니다. 계획했던 몇몇 곳은 방문할 수 없게 되기도 하죠. 다음날 방문해 보려고 해도 그날의 일정이 가득하기 때문에 결국 계획했던 일정을 포기하는 수밖에 없습니다.

가정학습 계획도 마찬가지입니다. 가정학습 계획이 너무 세세하거나 공부량이 많으면 계획을 지키지 못하는 날도 생기게 마련입니다. 완수하지 못한 계획은 계속 미뤄져 시간이 지나면 걷잡을 수 없이 많아집니다.

공부는 단거리 경주가 아닙니다. 마라톤처럼 오랜 시간을 두고 진행하는 일입니다. 따라서 목표를 달성하기 위해 계획을 수정하는 일은 당연히 필요합니다. 가정학습 계획은 매일 공부시간을 100퍼센트 활용하여 세세하고 완벽하게 세우는 것보다는 약간 여유를 가지고 세우는 것이 좋습니다. 또한 재검토를 하거나 다른 사람의 조언을 듣고 수정할 수 있어야 합니다.

최종목표 달성을 위해 과목별로 '중간목표'를 세워요

가정학습 계획은 너무 긴 기간으로 설정하기보다는, 학기별 혹은 월별과 같이 짧은 기간으로 설정하는 편이 좋습니다. 해당 기간에 할 수 있는 과목별 공부량을 계획하고 그 공부량을 절반으로 나누어 '중간목표'를 설정하세요.

중간고사 수학 가정학습 계획
계획일 : 3월 10일

- 최종 목표
기간 : 3/10 ~ 5/12
목표 : 1~4단원 (6쪽~41쪽)

- 중간 목표
기간 : 3/10 ~ 4/8
목표 : 1~2단원 핵심 개념 공부 및 연습문제 풀기
(6쪽~20쪽)

예를 들어 5월에 있을 중간고사를 목표로 수학 1단원부터 4단원까지 2개월 동안 가정학습 계획을 세운다고 가정합시다. 이때 중간목표는 1개월간 1~2단원의 핵심 개념 공부와 연습문제 풀기로 잡으면 됩니다. 물론 중간목표는 반드시 공부량의 절반일 필요는 없습니다. 주어진 공부 시간이나 문제의 난도에 따라 스스로 설정하면 됩니다.

중간목표 달성을 위한
하루 가정학습 목표를 세우고 실천해요

처음 산에 오를 때에는 정상이 멀게만 느껴집니다. 한동안 정상을 향해 걷다가 잠시 멈춰 주변을 바라보면, 힘겹게 올라온 등산로와 시원한 풍경에 감탄하게 됩니다. 지금까지의 노력에 조금 더 힘을 보태 정상까지 오르기 위해 한 발 한 발 내디디면 이윽고 정상에 도달하게 됩니다.

공부도 마찬가지로 중간목표를 세워야 합니다. 비록 아직까지 최종목표에 도달하지 못했지만 시작부터 중간 지점까지 스스로 해 낸 공부량을 돌아보며 뿌듯함을 느낄 수 있기 때문입니다. 이를 통해 다시 공부하고 싶은 마음이 생겨나게 됩니다. 중간목표를 달성한 정도를 확인하면서 적당한 속도로 학습이 이루어지고 있는지를 확인할 수 있습니다. 동시에 올바른 방향으로 나아가고 있는지도 점검해 볼 수 있습니다.

최종목표를 적당히 나누어 중간목표를 설정했다면, 이제 구체적으로 중간목표를 달성하기 위한 월간, 주간, 하루의 계획에 약간의 여유 시간을 마련하는 것이 필요합니다. 이전에는 나에게 주어진 하루 공부 시간 2시간을 온전히 공부로 채웠다면, 이제는 가능한 공부 시간의 약 80퍼센트 정도인 1시간 40분만큼의 가정학습 계획만 세워봅시다.

약간의 여유를 두고 계획을 세우면 그날 공부했던 내용을 다시 한 번 복습하는 시간을 가질 수 있습니다. 난도가 높아 예상보다 더 많은 시간을 투자해야 하는 문제에 집중하여 공부할 수도 있습니다. 계획을 여유 있게 세우면 학습 계획을 완수하지 못한 날이 있어도 다음 날 만회할 수 있습니다. 하지만 공부 계획에 여유가 없다면 미뤄진 계획은 해결할 수 없습니다. 따라서 융통성 있게 가정학습 계획을 수립하는 것이 필요합니다.

목표 달성을 체크하고 다음 목표를 수정해요

가정학습 계획에 어느 정도의 유연한 시간을 마련해 두는 또 다른 이유는 결국 가정학습 계획을 재검토하기 위해서입니다. 계획의 문제점을 파악하고, 보완하는 시간이 필요합니다. 이를 위해서는 매일의 학습 내용을 기록해두는 것이 중요합니다. 메모지나 스터디 플래너에 그날의 공부량과 공부 시간을 과목별로 적습니다.

그리고 가정학습 계획을 얼마나 실천했는지 확인합니다. 만약 목표한 공부량보다 적게 공부했다면 그 이유도 함께 적습니다.

주간 가정학습을 마무리하는 토요일이나 일요일에는 일주일 동안 공부한 내용을 확인합니다. 계획한 공부량을 모두 실천했다면 다음 주에는 공부량을 조금 더 늘려 가정학습 계획을 세웁니다. 만약 계획을 실천하지 못했다면 이유를 분석하여 공부량을 조절한 후 다음 학습 계획에 반영합니다. 이렇게 가정학습 계획을 수정하는 작업을 꾸준히 하면 목표한 기간 안에 중간 목표 혹은 최종 목표의 달성 여부를 확인할 수 있습니다.

계획의 사전적 의미는 '앞으로 일어날 일을 헤아려 작정함'입니다. 하지만 공부하는 과정 속에도 변수는 계속 나타나기 때문에 모든 일을 예상할 수는 없습니다. 우리는 그럴 때마다 유연한 태도로 계획을 수정하면 됩니다. 계획을 보완하는 과정을 통해 우리는 다시 목표를 향해 나아갈 힘을 얻을 수 있습니다.

가정학습 계획하기

시험을 앞두고 가정학습 계획을 세우는 요령

시험이 다가오면 시험공부를 해야겠다는 생각은 들지만, 언제부터 시험공부를 시작하면 좋을지 결정하기란 쉽지 않습니다. 누군가 시험 준비를 시작하라고 알려주지 않으니 어영부영 공부하다 보면 어느새 시험이 코앞으로 다가오곤 합니다. 그래서 시험 하루 전까지도 교과서를 펼쳐보지 못한 과목이 있다거나 밤을 새워 벼락치기로 공부해 시험을 치르기도 합니다.

방학을 의미 있게 보내기 위해 방학 계획표를 세우듯, 시험을 잘 보기 위해서는 가정학습 계획을 철저하게 세워야 합니다. 평소 잘 사용하는 달력이나 스케줄러를 활용하여 나만의 시험공부 계획표를 세워봅시다.

시험일정을 달력에 기록하고
날짜별 공부 계획을 세워요

본격적인 시험 대비를 위한 가정학습 계획을 세우기 위해 달력을 준비합니다. 중요한 시합에 나가기 전에 달력에 경기일을 표시하고 하루하루 'X' 표를 하며 날짜를 지워가듯이, 시험 일정을 표시하고 남은 날을 계산하며 공부해야 합니다.

먼저 달력에 시험 일정을 적습니다. 달력에 해당 날짜에 치르는 시험 과목을 시험 보는 순서대로 적습니다. 다음으로 시험공부를 시작하는 날을 정해 표시합니다. 보통 2~3주 정도가 시험 준비 기간으로 적합하나, 만약 아직 여러분만의 시험 준비 기간을 정하지 못했다면 준비 기간은 넉넉하게 3주로 정합니다. 공부 시작일 이후부터는 매일 'D-00'일과 같이 시험까지 남은 날짜를 기록해 경각심을 가지는 것도 좋습니다.

다음으로 날짜별 해야 할 일을 계획합니다. 날짜별 계획을 세울 때는 두 가지 포인트가 있습니다. 첫 번째로 '복습'의 시간을 마련하는 것입니다. 시험 일주일 전까지는 학습 계획에 따라 진도를 나가며 공부합니다. 그리고 시험을 일주일 앞두고는 전체 학습 내용을 복습하며 마무리해야 합니다. 이 기간에는 완벽하게 이해하지 못한 부분이 있으면 반복해서 내용을 확인하고, 오답노트를 복습하여 헷갈리는 부분만 집중적으로 공부합니다. 달력에 기록할 때는 진도를 나가며 공부할 날짜와 시험을 앞두고 복습할 날짜를 구분하여 표시합니다.

4월
중간고사 대비 3주 프로젝트

					1	2
3	4 시작!(D-21) •••	5 •••	6 •••	7 •••	8 •••	9 •••
10 •••	11 •••	12 •••	13 •••	14 •••	15 •••	16 •••
17 •••	18 복습(D-7) •••	19 •••	20 •••	21 •••	22 •••	23 •••
24 •••	25 미술/국어 정보	26 사회/수학 기술가정	27 도덕/영어 한문	28 역사/음악 체육	29	30

3	4	5	6	7	8	9
	미술(1~5P) 국어(1-1) 정보(1-1~1-2)	사회(1-1~1-2) 수학(1-1) 기술(1-1~1-2)	도덕(1-1) 영어(1-1~1-3) 한문(1단원)	역사(1-1~1-3) 음악(1단원) 체육(1단원)	미술(6~1oP) 국어(1-2~1-3) 정보(1-3)	일주일 복습!

    두 번째는 계획에 '여유'를 두는 것입니다. 공부하다 보면 처음 계획과 달리 시간이 덜 필요한 과목이 생길 수도 있습니다. 혹은 시간을 더 들여 공부해야 하는 과목이 있기도 합니다. 그런데 모든 시간을 계획으로 빼곡히 채운다면, 계획이 밀리거나 앞당겨질 경우 전체 계획을 지켜나가기 어려워집니다. 전체 공부 시간의 80퍼센트를 기준으로 공부 계획을 세워야 합니다. 따라서 평일의 가정학습 계획은 꼼꼼하게 세우고 주말 중 하루는 비워둡니다. 그리고 추가 학습이 필요한 과목을 비워둔 날에 수행합니다. 이와 같이 융통성 있게 시험 대비 가정학습 계획을 수립해야 합니다.

064

과목별 공부 계획을 세워서
하루 일과를 완성해요

날짜별 시험 준비 계획을 세웠다면 이제는 과목별 공부 계획을 세워봅니다. 이때 과목별 하루 공부 시간을 정하는 것이 아니라 공부량을 기준으로 계획을 세웁니다. 먼저 시험 범위에 포함된 개념과 풀어야 할 문제의 양을 파악하며 공부량을 확인합니다. 다음으로 날짜별 시험 계획 중, 복습을 위한 기간을 제외한 나머지 날짜마다 공부량을 적당히 배분하여 하루 공부량을 결정합니다.

예를 들어 수학 시험 범위가 1~2단원이라면 각 단원의 소단원 개수를 확인하고 이를 공부할 수 있는 날짜에 맞추어 계획합니다. 이때 쉬운 내용의 소단원은 그날 공부해야 할 개수를 늘려 어려운 내용의 소단원을 공부하는 날의 부담을 줄이는 식으로 유연하게 계획을 세웁니다.

마지막 단계로 하루 일과를 계획합니다. 하루 공부 시간을 확인하고 그 시간 동안 얼마만큼의 공부가 가능할지를 생각하며 위에서 나눈 과목별 공부 계획을 시간에 맞추어 넣어봅니다. 이때 하루에 한 과목만 집중적으로 공부하면 집중력이 떨어질 수 있으니 2~3개의 과목을 공부하도록 적절히 섞어줍니다.

집중이 잘되는 시간과 집중력이 떨어지는 시간을 나누는 것도 좋은 방법입니다. 집중이 잘되는 시간에는 국어, 수학과 같은 이해 중심의 과목을 공부합니다. 점심시간 이후와 같이 집중력이 떨어지는 시간에는 암기 과목을 중심으로 공부하도록 계획합니다. 하루 공부 시간과 과목별 공부량을 모두 정했다면 달력이나 스터디 플래너에 시간 순서대로 가정학습 계획을 표시합니다.

공부 결과를 표시하고
다가오는 시험에 집중해요

이제 달력이나 스터디 플래너를 잘 보이는 곳에 두고 매일 공부할 차례와 내용을 확인합니다. 목표를 잘 보이는 곳에 두어야 매일 지키려고 노력할 수 있습니다.

하루를 마무리할 때마다 'X' 표를 하면서 시험에 대한 마음의 준비를 합니다. 교과서나 문제집 귀퉁이에 공부를 완료해야 할 날짜를 적어두는 것도 좋습니다. 그날의 학습을 마무리하면서 뿌듯한 기분을 느끼는 것도 좋은 방법입니다.

시험 계획을 세운다면 자신만의 속도로 꾸준하고 체계적으로 시험 대비를 할 수 있습니다. 또한 특정 과목에만 치우치지 않고 전체 과목을 고루 공부할 수 있습니다. 무의미하게 시간을 보내거나 벼락치기 공부를 해야 하는 상황도 방지할 수 있습니다. 만약 계획대로 공부를 하지 못했더라도 실망하지 않고 계획을 수정해가며 공부한다면 시험 전까지 원하는 공부량을 채울 수 있을 것입니다. 여러 번의 시험 경험을 거쳐 자신만의 시험 준비 공부 습관을 만들고 이를 바탕으로 더욱 체계적으로 시험을 대비합시다.

가정학습 계획하기

엄마 오늘 저녁은
몇 시에 먹나요

학교와 학원을 마치고 지친 상태로 집에 돌아와서 바로 공부하는 것은 어렵습니다. 가방을 내려놓고 잠시 휴대전화로 게임도 하고 동영상도 시청하다 보면 어느새 시간이 훌쩍 지나버립니다. 이제 공부해야겠다는 생각으로 가방에서 문제집을 꺼내는 순간 어머니가 주방에서 말씀하십니다. "저녁 먹게 나오렴."

이제 막 솟아오르던 공부 다짐은 밥을 먹고 나면 온데간데없이 사라집니다. 어영부영 시간을 보내고 나면 어느새 잘 시간입니다. 이렇게 뭘 했는지 모르게 하루가 흘러가 버리는 경험은 누구나 있을 것입니다. 이러한 결과는 여러분의 하루 '고정시간'을 제대로 파악하고 있지 못하기 때문에 일어납니다.

고정시간이란 학교나 학원에 가는 시간, 밥을 먹는 시간, 잠자는 시간, 목욕하는 시간과 같이 하루 동안의 일과 중에서 공부 이외에 꼭 사용해야 하는 시간을 말합니다. 하루 중 상당히 많은 시간을 차지하고 있는 고정시간을 제대로 파악하지 않고서는 가정학습 계획을 세울 수 없습니다. 계획을 세우기 전에 고정시간을 확인해 봅시다.

밥을 먹는 시간이나 휴식 시간을 가정학습 계획표에 기록해요

고정시간은 두 가지로 나눌 수 있습니다. 학교나 학원에 가는 것, 식사를 하는 것과 같이 '매일 반복되는' 고정시간이 있습니다. 다른 하나는 친구와의 약속처럼 '가끔씩 일어나는' 고정시간이 있습니다.

이 두 가지 고정시간을 파악하기 위해 먼저 매일 반복되는 하루 일과를 메모지에 쭉 나열합니다. 이때 단순히 리스트만 나열하는 것이 아니라 일과가 발생하는 시간과 소요 시간까지 상세하게 쓰는 것이 중요합니다. 그리고 친구와의 약속, 여행과 같이 반복적이지 않지만 시간을 내야 하는 약속의 목록도 작성합니다.

이제 타임 트래커에 고정시간을 기록합니다. 밥을 먹는 시간, 씻는 시간, 자는 시간, 학교와 학원으로 이동하는 시간, 학교와 학원에서 공부하는 시간, 휴식 시간 등을 표시합니다. 약속 목록도 꼼꼼하게 적어둡니다.

이때 하루 일과 중, 저녁 식사나 가족회의처럼 가족들과 함께 시간을 보내야 하는 일과가 있다면 부모님과 상의하며 시간대를 조정하는 것도 좋습니다. 집중이 잘되는 오후 7시에 저녁 식사를 해야 한다면 오후 6시로 앞당기거나 혼자 먹는 간편식으로 대체할 수 있도록 부모님께 도움을 요청해 보세요.

고정시간을 제외한 시간은 공부를 할 수 있는 시간입니다. 매일 반복되는 고정시간을 잘 파악한 뒤 가정학습 계획을 세우면, 하루에 목표한 공부량을 채우는 것뿐만 아니라 꼭 해야 하는 일이나 중요한 약속도 소홀하지않는 똑똑한 학생이 될 수 있습니다.

공부할 시간이 정해지면
가정학습 목표를 설정해요

하루 중 내가 자유롭게 사용할 수 있는 시간을 찾았다면 이제 그 시간에 맞춰 공부의 양을 나누고 계획을 세웁니다. 한 달의 공부량을 확인한 뒤 내가 자유롭게 사용할 수 있는 시간에 맞추어 나누면 대략적인 공부 계획을 세울 수 있습니다.

예를 들어 수학 1단원을 공부하는 것이 이달의 목표라면 이 목표를 '개념 이해 및 연습 문제 풀기 - 응용 문제 풀기 - 심화 문제 풀기 - 오답노트 총정리 및 복습하기'로 나누어서 일주일에 한 단계씩 공부하는 것을 계획으로 세울 수 있습니다. 다음으로 각 주의 목표를 나만의 공부 시간에 맞추어 날짜별로 나누어줍니나.

3월의 목표 : 수학 1단원
3월 1째주 목표
- 개념 이해 및 연습 문제 풀기

1째주 일별 목표
월요일 : 6~8쪽 개념 공부(19:20~21:20)
- 인터넷 강의 1강(19:20~20:00)
- 개념 암기(20:00~20:15)
- 연습 문제 풀고 채점(20:15~21:00)
- 틀린 문제 다시 풀고 복습(21:00~21:20)
⋮

고정시간을 제외하고 가정학습 계획을 세우면 하루에 공부할 수 있는 시간이 부족하게 느껴질 수 있습니다. 이때는 고정시간을 줄이는 방법을 찾아야 합니다. 수면 시간과 식사 시간은 충분해야 하고 학교나 학원에서 공부하는 시간은 변경할 수 없습니다. 이처럼 시간 단축이 어려운 일과는 예외로 두고 불필요하게 낭비되고 있는 시간은 없는지 살펴봅시다. 낭비되고 있는 시간이 있다면 반드시 줄여서 공부 시간을 확보해야 합니다.

낭비하는 시간을 확인하고
공부량을 조금씩 늘려요

　낭비되는 고정시간을 파악하기 위해서는 고정시간을 쪼개봐야 합니다. 18:00~19:30로 잡았던 저녁 식사를 쪼개보면 사실상 온전히 식사만을 위한 시간은 얼마 되지 않습니다. 저녁 식사는 약 30분 정도 소요될 뿐 나머지 활동은 저녁 식사에 가려져 제대로 파악되지 않고 있었습니다.

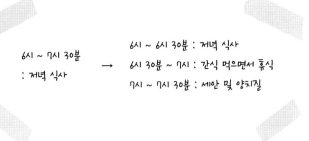

6시 ~ 7시 30분
: 저녁 식사

→

6시 ~ 6시 30분 : 저녁 식사
6시 30분 ~ 7시 : 간식 먹으면서 휴식
7시 ~ 7시 30분 : 세안 및 양치질

　저녁 식사 이후 간식을 먹는 것은 식사의 부가적인 행위이지만 '저녁 식사'라는 한 이름으로 묶으면 시간을 낭비할 수 있는 일이기도 합니다. 따라서 저녁 식사 이후 세안을 마친 뒤 공부를 하며 간식을 먹거나, 간식 시간을 과감히 삭제하는 것도 좋습니다.

　고정시간을 자세히 나누어보면 하루의 생활 패턴을 파악할 수 있습니다. 휴식 시간, 간식 시간, 지나치게 긴 씻는 시간 등은 줄이거나 삭제하고, 너무 잦은 친구와의 약속을 줄이면 공부할 시간이 그만큼 늘어납니다.

시간은 누구에게나 공평하게 주어지지만, 어떻게 사용하느냐에 따라 미래가 달라집니다. 똑같이 주어진 고정시간을 쪼개서 공부 시간으로 바꾸어 알뜰하게 보내고, 고정시간의 시간도 좀 더 지혜롭고 보람차게 활용해 봅시다.

가정학습 계획하기

아무리 힘들어도
공부하지 않는 날은 만들지 말자

금융기관에 예금이나 적금을 가입하면 이자가 복리로 발생합니다. 복리란 일정한 기간의 말마다 이자를 원금에 더하고 그 합계액을 다음 기간의 원금으로 하는 이자 계산 방법을 뜻합니다. 원금에 대한 이자가 붙고, 다음에는 이자가 붙은 금액에 대해 다시 이자가 붙게 됩니다. 처음에는 작은 금액이라도 복리로 이자가 꾸준히 붙으면 몇 년 후에는 큰돈이 됩니다.

복리와 같은 원리를 습관에 적용한 사람이 있습니다. 최고의 자기계발 전문가 제임스 클리어는 저서 『아주 작은 습관의 힘』에서 1년 동안 매일 1퍼센트씩 성장한다면 1년 후에는 약 37배 성장해 있을 것이라고 말했습니다. 이를 입증할 만한 신경학적 근거도 있습니다. 캐나다의 심리학자 도널드 올딩 헤브는 한 가지 일을 많이 할수록 세포들이 주고 받는 신호가 늘어나고, 신경학적 연결이 더 강화된다고 말했습니다.

원금에 복리로 이자가 붙어 큰돈이 되는 것처럼 매일 반복하는 습관은 상상하는 것보다 훨씬 큰 변화를 일으키는 힘이 있습니다. 아주 작은 것이라도 긍정적인 변화를 가져오는 일을 습관으로 삼으면 여러분은 크게 성장할 수 있습니다. 매일 공부하는 것을 습관으로 삼으면 어떤 변화가 찾아올까요?

매일 계획대로 공부하는 습관을 만들어요

먼저 공부를 꾸준히 하는 힘을 기를 수 있습니다. 여러분이 매일 공부하는 것을 습관으로 삼는다면 피치 못할 사정으로 오늘 공부를 하지 못 해도 다음 날 다시 자연스럽게 공부를 시작할 수 있습니다. 매일 공부를 하게 되면 공부를 시작하는 것에 거부감이 줄어들고, 점점 공부에 익숙해져 집중할 수 있는 시간 역시 늘어납니다.

줄넘기를 처음 하는 사람도 꾸준히 연습하다 보면 어느새 줄넘기를 잘할 수 있게 됩니다. 공부도 꾸준히 하다 보면 자신도 모르게 공부하는 방법을 익히게 됩니다. 매일 공부를 하면 자연스럽게 어제 했던 공부와 비교하게 됩니다. 이를 통해 과목별로 어떻게 공부를 해야 하는지, 자신에게 잘 맞는 공부 습관은 무엇인지, 어떤 부분에 취약한지를 깨달을 수 있습니다.

양궁 선수들은 날씨가 좋은 날뿐만 아니라 일부러 비가 오는 날이나 시끄러운 장소를 찾아다니며 연습을 합니다. 평소와는 다른 환경에서 연습을 해보면서 컨디션이 좋지 않은 날에도 적응하고 집중력을 유지할 수 있도록 하기 위함입니다. 매일 공부하는 습관이 있는 사람은 컨디션에 좌우되지 않고 항상 고도의 집중력을 유지할 수 있습니다. 또한 시간 관리에 익숙해져 시험 기간에 무리하게 공부를 몰아서 하지 않고도 좋은 성적을 올릴 수 있게 됩니다.

가정학습 계획을 지키고 스스로 칭찬해요

그렇다면 매일 공부하는 습관을 만드는 방법은 무엇일까요? 바로 가정학습 계획을 세우고 충실하게 실행하는 것입니다. 가정학습 계획은 공부량에 맞춰 최소한으로 세웁니다. 최소한의 목표를 세우고 매일 달성하다 보면 자신감이 생깁니다. 예를 들어 '수학 2단원 공부하기' 대신 '수학 2단원 개념 이해하기'와 같이 목표를 작게 세우면 매일의 성공을 이룰 수 있습니다. 최소한의 목표를 만들어 성취하는 기쁨을 계속 느껴보세요.

보상이란 칭찬과 마찬가지로 어떤 행동을 한 대가로 기쁘게 보답해주는 것을 의미합니다. 게임을 함으로써 재미라는 보상을 얻을 수 있고, 맛있는 음식을 먹음으로써 행복이라는 보상을 얻을 수 있습니다. 이처럼 매일 공부할 때도 스스로에게 보상을 수어 공부를 하고 나면 좋은 것이 생긴다는 긍정적인 느낌을 받는 것이 필요합니다. 계획한 공부를 모두 끝낸 날에는 맛있는 간식으로 보상을 준다거나 좋아하는 작가의 소설을 읽으며 시간을 보내면 공부에는 즐거움이 따른다는 믿음으로 공부할 수 있게 됩니다.

자기주도 가정학습은
공부 습관이 중요해요

2009년 미국 국립보건원에서 진행한 실험에 따르면 식단 일기를 쓴 사람들은 그렇지 않은 사람보다 2배나 더 많은 체중을 감량했습니다. 매일 자신이 먹은 음식의 종류뿐만 아니라 칼로리, 단백질 등의 성분까지 파악할 수 있어서 식단 관리를 더욱 똑똑하게 해낼 수 있었던 것입니다.

자기관리와 습관, 시간 관리에 능했던 벤자민 프랭클린 역시 매일 자신이 해야 하는 일을 적어두고 그 일을 완수할 때마다 '×' 표를 했습니다. 이렇게 습관을 지킨 날을 달력에 표시하면 자신이 한 노력을 매일 확인할 수 있습니다. 완수한 날이 많아질수록 만족감은 높아지고, 습관을 지키고 싶은 마음은 더욱 커집니다. 또한 자신을 객관적으로 돌아보는 계기가 됩니다.

습관은 우리가 의식하지 않아도 저절로 하게 되는 일입니다. 밥을 먹고 5분 이내에 양치하는 습관처럼, 정해진 시간에 정해진 장소에서 그 일을 무의식적으로 반복하는 것이 중요합니다. 매일 같은 일을, 같은 시간에, 같은 장소에서 하다 보면 습관이 됩니다. 따라서 매일 공부하는 습관을 만들기 위해 하루 중 공부할 시간을 정하고, 그 시간이 되면 책상에 앉아 책을 펴고 공부를 시작하는 연습을 해 봅시다. 티끌 모아 태산입니다. 가정학습 계획을 세우고 꾸준하게 실천해 매일 공부하는 습관을 만들어 보길 바랍니다.

가정학습을
위한 습관
만들기

동기는 당신을 시작하게 만들고
습관은 그것을 계속하게 만든다.

짐 론

공부 습관 만들기

수업 중에 집에서 복습할 부분을 체크하자

학기 중 하루 일과에서 등교 시간, 식사 시간, 수면 시간과 같은 고정시간을 제외하면 공부할 수 있는 시간은 누구나 비슷합니다. 그러므로 학생들이 스스로 공부할 수 있는 시간의 차이는 크지 않습니다. 대부분의 학생들이 공부에 집중할 수 있는 시간은 비슷한데, 학생들마다 성적의 차이가 뚜렷한 이유는 무엇일까요?

학습의 효율에 차이가 있기 때문입니다. 같은 시간을 공부하고도 효과적으로 학습하고 좋은 성적을 내는 학생들은 자신만의 가정학습 습관이 있습니다. 습관의 차이가 결과의 차이를 만듭니다. 이번 장에서는 학습의 효율을 극대화할 수 있는 가정학습 습관을 소개합니다.

수업 내내 집중하는 것이
상위 학습자의 비결이에요

EBS 다큐멘터리 〈학교란 무엇인가: 0.1%의 비밀〉에서 아이트래커라는 특수 장비를 이용해 상위 0.1퍼센트의 학습자와 일반 학습자의 수업 집중도를 측정했습니다. 아이트래커란 시선이 향하는 장소를 기록해주는 장비입니다. 이것을 통해 학습자가 수업에 얼마나 집중하고 있는지를 확인할 수 있습니다.

실험 후 놀라운 결과가 나왔습니다. 수업 초반에는 두 학습자의 집중도가 비슷했습니다. 이후 30분이 지나는 시점부터 학습자별 차이가 발생하기 시작합니다. 성취도 상위 0.1퍼센트의 학습자는 수업이 끝날 때까지 선생님과 칠판에 시선이 고정되어 떨어지지 않았습니다. 반면 일반 학습자는 시선이 분산되어 수업에 집중하지 않는 모습을 보였습니다.

수업에 집중하는 것은 학업 성취도에 큰 영향을 줍니다. 수업마다 10분씩 더 집중한다면 하루 1시간 이상 차이가 납니다. 일주일이면 5시간, 한 달이면 20시간이 넘는 차이가 발생합니다. 이 실험에 참가한 상위 0.1퍼센트의 학습자는 수업시간에 집중하는 것이 공부에 있어 가장 중요하다고 말합니다. 매년 수능만점자들이 "수업을 열심히 듣고, 교과서 위주로 공부했어요."라고 말하는 것은 절대 거짓이 아닙니다.

공부를 잘하는 비결은 수업에 집중하는 것입니다. 너무 뻔하고 시시해서 믿어지지 않나요? 하지만 사실입니다. 다이어트를 할 때에도 식사량을 줄이고 운동을 하는 것이 가장 중요한 것처럼 말입니다. 공부에도 특별한 비법은 없습니다. 수업에 집중하고 공부량을 늘리는 것, 이것이 바로 공부에서 가장 중요한 것이자 좋은 성적으로 향하는 지름길이죠.

어려운 부분과 복습할 부분을
교과서에 바로 체크해요

수업을 열심히 듣는다는 것은 무엇을 의미할까요? 단순히 귀로 듣거나 선생님의 수업 내용을 열심히 필기하는 것만을 의미하지 않습니다. 수업 내용을 여러분의 지식으로 구조화하는 작업이 필요합니다. 의자에 앉아서 귀로 듣기만 하는 소극적인 자세를 버리세요. 머리로는 능동적으로 사고하고 손으로는 역동적으로 필기하는 적극적인 학습이 이루어져야 합니다.

이에 더해 능동성을 좀 더 발휘하여 수업의 효율을 더욱 높이는 방법이 있습니다. 수업을 들으며 새롭게 알게 된 내용, 중요하다고 생각되는 부분, 내가 잘못 알고 있었던 내용, 조금 더 공부하고 싶은 부분은 어디인지 생각해보고, 어느 부분을 복습해야 할지 교과서에 표시하며 수업에 임합니다. 수업시간에 복습할 부분을 표시해두는 것만으로도 복습 시간을 단축할 수 있습니다. 학교 수업을 듣는 것은 수동적인 행동이지만 이처럼 능동적으로 수업에 임하면 수업을 통해 얻는 효과가 커질 수 있습니다.

수업시간에는 다음과 같이 복습할 내용을 체크하자

새롭게 알게 된 내용 / 중요하다고 생각하는 부분
이해가 되지 않는 부분 / 자세히 알고 싶은 부분

수업시간에 집중해서 듣지 않고 나중에 따로 공부해서는 좋은 성적을 받을 수 없습니다. 누구에게나 시간은 똑같이 주어지며 하루에 공부할 수 있는 시간은 한정적입니다. 한정된 시간 안에서 높은 효율을 내려면 당연히 하루 중 가장 많은 시간을 보내는 학교 수업시간에 집중하는 것이 중요합니다. 누구에게나 똑같이 주어진 재료를 어떻게 활용하느냐에 따라 작품이 될 수도, 버려질 수도 있다는 것을 명심하세요.

공부 습관 만들기

시험에 출제될 부분을 예상하면서 수업을 듣자

수업시간에 선생님의 수업을 듣기만 하는 것이 아니라, 선생님의 입장이 되어 '나라면 어떤 문제를 낼까?'를 생각하며 들으면 깊이 있는 학습을 할 수 있습니다. 이것은 어떤 부분이 중요한지 생각하게 합니다. 바로 역지사지易地思之의 태도를 적용하는 것이죠. 이러한 태도로 수업에 임하면 수업의 큰 흐름을 잡을 수 있고, 비로소 중요한 것들이 눈에 띄기 시작합니다.

시험을 앞두고 기출문제를 풀어보는 것도 중요합니다. 이는 이전 시험에서는 교과서의 정보가 어떻게 문제로 출제되었는지 살펴보며 교과서의 어느 부분을 중점적으로 공부해야 하는지 파악하는 작업입니다.

선생님이 강조하는 부분에
시험문제 힌트가 있어요

근래에 학습 방식에 변화를 주고자 일부 교사들이 활용하고 있는 플립러닝Flipped Learning이라는 수업 방식이 있습니다. 거꾸로 교실, 거꾸로 학습, 역전 학습, 반전 학습이라는 이름으로도 불리는 이 수업 방식은 전통적인 수업 방식과는 차이를 보입니다.

플립러닝은 수업 전에 가정에서 교사가 준비한 영상을 미리 보면서 학습하는 것으로 시작합니다. 이후 미리 학습한 내용을 교실에서 친구들과 탐구 활동이나 토론의 형태로 복습합니다. 학습자가 수업 전에 미리 학습하면서 궁금한 내용을 정리하고, 이를 수업 시간에 질문을 통해 해결합니다. 학습자 간의 생각이 다르거나 의견 충돌이 있다면 함께 해답을 찾아 나갑니다. 이 과정에서 학생들은 능동적으로 학습하며 수업 내용을 오래 기억하게 됩니다.

우리가 배우는 교실에서 플립러닝이 이루어지지 않더라도 어느 부분이 시험에 출제될지 생각하면서 수업을 들으면 플립러닝만큼 능동적인 수업 참여가 가능합니다. 단순히 수업을 듣는 것을 넘어서 수업의 핵심이 무엇인지 찾게 되고 스스로 생각하는 힘이 길러지는 것입니다.

특히 학교 시험이 가까워질수록 시험 문제를 출제하는 선생님의 말씀에 귀 기울이세요. 선생님의 흘러가는 말 속에 시험에 관한 힌트가 있습니다. 출제자가 중요하다고 생각하는 부분이 시험문제로 출제되기 때문에, 수업 중에 강조한 부분이 문제가 되어 출제될

확률이 높습니다.

시험이 어려웠다고 하소연하는 학생들에게 선생님은 "내가 말한 부분에서 다 냈어."라고 대답합니다. 선생님의 말씀은 결코 농담이 아닙니다. 내일 수업 중에 선생님은 다음 시험의 문제에 대한 힌트를 이야기할지도 모릅니다. 출제자의 관점에서 수업을 듣고 시험의 힌트를 찾아내는 적극적인 수업 태도가 중요합니다. 선생님이 수업 중에 강조한 내용은 교과서에 표시하고 반드시 그 부분을 복습하세요. 객관식이나 주관식 혹은 수행평가, 어떤 형태로든 그 부분은 문제로 변환되어 여러분 앞에 모습을 드러낼 것입니다.

시험의 혈통을 잇는 족보는
시험 문제를 미리 볼 수 있는 창구예요

우리는 흔히 기출문제를 '족보'라고 부릅니다. 학생들이 족보 확보에 열을 올리는 이유는 실제로 시험에 출제되는 문제들이 족보와 중복되는 것들이 많기 때문입니다. 족보만 열심히 공부해도 어느 정도는 출제 예상 문제를 가늠해 볼 수 있습니다. 학습 효과를 극대화하는 매우 검증된 방법이라고 할 수 있죠.

족보는 중, 고등학교 시험뿐만 아니라 수능 시험, 대학교 시험, 자격증 시험 등에서도 그 역할을 톡톡히 해냅니다. 족보는 기출문제, 기출 유형이라는 이름으로 다양한 문제집과 강의로 다루어집니다.

족보를 얻을 수 있는 대표적인 사이트로 족보닷컴www.zocbo. com이 있습니다. 족보닷컴은 학교별로 실제 출제된 문제에 더해 예상 문제까지 제공합니다. 국어, 영어, 수학, 과학, 사회 등의 주요 과목뿐만 아니라 도덕, 기술·가정, 한문 등의 과목 또한 포인트를 지불하여 구매할 수 있습니다.

학교별 역대 기출문제를 한데 묶어 놓은 문제집도 있습니다. 주로 대형 서점이나 온라인 서점이 아닌 동네에 있는 서점에서 판매합니다. 서점 주변에 위치한 학교들의 기출문제는 쉽게 접할 수 있습니다. 대표적으로 비상ESN 출판사의『알찬 기출문제집』이 있습니다.

족보는 중요한 내용을 압축해 놓은 것이라 시간을 단축하는 데 유리합니다. 하지만 처음부터 무작정 족보만으로 공부하는 것은 좋지 않습니다. 족보는 개념이 잘 정비된 상태에서 다양한 유형의 문제를 풀어본 다음, 시험 직전에 활용하는 것이 가장 좋습니다.

지난 시험에 출제된 족보를 실제 시험지처럼 인쇄하여 마치 시험을 보고 있는 것처럼 상황을 연출해도 좋습니다. 이때 실제 시험 시간과 동일하게 타이머를 맞춰놓고 문제를 풀어봅니다. 여건이 된다면 OMR 카드나 주관식 답안지를 마련하는 것도 좋은 방법입니다. 족보를 풀었다면 채점을 하고 오답노트를 반드시 작성해야 합니다.

공부 습관 만들기

반드시 복습하고
모르는 부분은 선생님에게 질문하자

    수업을 열심히 듣고 공부를 한 후에는 문제집을 풀며 문제 유형을 익혀보거나 학습 내용을 확인해 보는 것이 필요합니다. 하지만 많은 학생들은 단순히 문제를 푼 뒤 정답만 확인하고는 공부를 마칩니다.

    틀린 문제는 다시 풀어보아야 합니다. 다시 풀지 않으면 공부를 하지 않은 것과 같습니다. 문제의 정답을 확인하는 것이 중요한 것이 아니라, 왜 틀렸는지, 어느 부분에서 이해를 하지 못한 것인지를 정확히 확인해야 합니다. 그래야 같은 실수를 반복하지 않습니다. 다양한 문제를 풀어 보는 것만큼 모르는 것을 짚고 넘어가는 것은 중요하므로 이해가 되지 않는 부분은 반드시 선생님께 질문하고, 확실히 이해하고 넘어가기를 바랍니다.

선생님께 질문할 때에도 중요한 포인트가 있습니다. 먼저 해설을 먼저 읽고 어느 부분이 이해가 되지 않았는지를 정확히 말씀드리는 것입니다. 몸이 아파서 찾은 병원에서 의사에게 내가 어디가 아픈지 맞혀보라고 하는 사람은 없습니다. 아픈 곳을 찾겠다고 매번 몸 전체를 검사할 수도 없는 노릇입니다. 어디가 언제부터 아팠는지에 대한 구체적인 정보가 있어야 그에 상응하는 정확한 진단이 가능합니다.

공부도 마찬가지입니다. 문제를 들고 선생님께 찾아가 대뜸 모르겠다고 말하기보다 어느 풀이 과정에서 어려움을 느꼈고, 어떤 개념을 적용하여 접근해야 하는지 모르겠다고 구체적으로 설명하세요. 선생님은 여러분의 간지러웠던 부분을 속 시원히 해소해 주실 것입니다.

많은 문제를 풀기보다 완벽히 이해하는 것이 중요해요

무조건 문제를 많이 푸는 것은 중요하지 않습니다. 아는 문제만 반복해서 푸는 것은 단순 노동입니다. 나의 취약한 부분은 어디인지 파악해야 한 단계 나아갈 수 있습니다. 해설을 보고도 이해하기 어려운 부분이 바로 여러분이 잘 이해하지 못하는 지점입니다.

그럴 때에는 반드시 전문가인 선생님의 도움을 받아 해결하세요. 이해되지 않던 부분을 해결하면 어려웠던 문제의 실마리가 풀리며 문제를 풀어낼 수 있습니다. 그렇게 성적이 한 단계 도약할 것입니다. 혹시라도 선생님께 질문하는 것이 부끄럽거나 두려운 것은 걱정하지 마세요. 모든 선생님은 수업을 열심히 듣고 질문하는 학생을 참 고맙고도 기특하게 생각한답니다.

완벽한 공부를 위한 가정학습 습관

① 문제집을 풀고 채점을 한다.
② 틀린 문제는 해설을 바로 보지 말고, 다시 풀어본다.
③ 그래도 풀지 못한 문제는 해설을 읽어본다.
④ 해설을 봐도 이해가 되지 않는 부분은 선생님께 질문한다.
⑤ 오답노트로 복습한다.

공부 습관 만들기

예습보다 어디까지나
복습이 메인이다

도자기를 굽는 방법을 하루 동안 배웠다고 해봅시다. 우리는 도자기를 굽는 방법을 '배웠지만' 아직 '익혔다고' 볼 수는 없습니다. 어떤 식으로 도자기를 구우면 되는지 알게 되었지만, 숙련된 기술자들처럼 기술이 몸에 익은 것은 아니라는 말입니다.

> 배우다 : 새로운 지식이나 교양을 얻다.
> 익히다 : 자주 경험하여 능숙하게 하다.

배우는 것은 타인을 통해 이루어질 수 있지만, 익히는 것은 본인이 경험하며 능숙해지는 것밖에는 방법이 없습니다. 다시 말해서 어떤 일에 있어 능숙해진다는 것은 누군가의 설명을 듣는 것만으로는 이루어질 수 없다는 뜻입니다. 학습學習이란 배우는 것과 익히는 것이 균형을 이룰 때 완벽해집니다. 학습은 예습과 복습을 반복하여 배운 내용을 능숙하게 활용할 수 있을 때 완벽해집니다.

배운 것을 완벽하게 받아들이는 과정이 바로 복습

학생들에게 '배우는 것'은 학교나 학원의 선생님들로부터 지식을 전달받는 과정입니다. '익히는 것'은 자기 것으로 만들기 위해 스스로 공부하고 복습했을 때 가능합니다. 스스로 공부하는 시간 없이는 온전한 학습이 이루어질 수 없겠지요. 다시 말해 배우는 과정도 중요하지만 혼자 익히는 복습의 과정이 반드시 필요합니다.

안타깝게도 많은 학생들이 하루 종일 학교와 학원을 오가며 바쁘게 배우지만, 정작 스스로 익히는 복습 시간이 부족하여 제대로 된 학습이 이루어지지 않는 경우가 많습니다. 화분의 흙에 물이 스며들기도 전에 물만 들이부어 옆으로 다 흘러넘치는 격입니다. 배우고 익히는 과정이 균형을 이루지 못하고 있는 것이지요.

이러한 사실은 기초학력이 부족한 학생들을 따로 지도해보면 여실히 드러납니다. 기초학력이 부족한 학생 중 선행학습을 하지 않온 학생들은 의외로 드뭅니다. 그렇다면 선행학습을 하고도 왜 학교 수업을 따라오지 못할까요? 학생들은 "배웠는데 까먹었어요."라고 대답합니다.

제대로 공부하고 개념을 이해했다면 배우고 며칠 만에 잊어버리는 일은 일어날 수 없습니다. 배운 것을 자신의 것으로 익히는 복습의 과정이 없었기 때문에 애초에 제대로 된 학습이 이루어지지 않은 것이지요. 예습했기 때문에 개념을 이해했다고 생각하지만 막상 관련 문제를 풀어보면 해결하지 못합니다. 어설프게 알고 있다고 생각해서 수업에도 집중하지 않습니다. 이것은 아예 모르는 상태보다 더 심각한 상태라고 볼 수 있습니다.

복습이야말로 가정학습의 결정체

배웠지만 제대로 익히지 못한 상태는 무척 심각합니다. 이 상태에서 문제를 틀리더라도 학생들은 문제에 집중하지 않아 실수로 틀렸다고 생각하기도 합니다. 해답을 보면 대충 이해할 수 있으니, 다른 문제는 풀 수 있을 것이라 생각하고 오답 정리도 제대로 하지 않습니다.

많은 학생들은 선행학습 진도에만 관심을 가집니다. 다른 학생들보다 먼저 배웠다고 완벽한 학습이 되는 것은 아닙니다. 하나를 배우더라도 정확히 알고 몸에 익히는 것이 무엇보다 중요합니다.

물론 예습을 하면 수업을 이해하는 데 도움이 되고 자신감을 가질 수 있습니다. 따라서 시간이 있다면 배울 내용을 예습하는 편이 좋습니다. 하지만 복습이 없는 예습은 오히려 독이 됩니다. 예습에만 집중하고 선행학습을 나간다면 과연 제대로 배웠는지 확인할 수 없기 때문입니다.

가정학습의 핵심은 복습입니다. 복습을 하지 않으면 배우고 익히는 학습의 균형이 맞지 않게 됩니다. 배운 것을 스스로 정리하고 익히는 복습이야말로 가정학습의 결정체라는 사실을 명심하세요.

공부 습관 만들기

같은 날에 2번, 다음날 1번
반복해서 암기한다

베스트셀러 소설가 데이비드 발다치의 장편소설 『모든 것을 기억하는 남자』는 모든 것을 기억하는 남자가 범인을 추적한다는 흥미진진한 내용을 담은 범죄소설입니다. 소설의 주인공은 사고를 당한 후 모든 것을 기억하는 과잉기억 증후군을 겪습니다. 처음에는 뛰어난 기억력으로 유능한 형사가 되어 행복한 생활을 하지만, 가족이 살해된 이후 그 장면을 잊지 못해 괴로워합니다.

사람이 살아가면서 얻은 모든 정보가 잊히지 않고 기억에 남아 있다면 어떨까요? 괴로웠던 기억, 기분 나빴던 순간들도 무뎌지지 않고 생생하게 뇌리에 남아 고통스럽지 않을까요? 어쩌면 망각은 신이 인간에게 내려준 선물일 수도 있습니다.

하지만 공부를 하는 데 있어서 망각만큼 우리를 좌절하게 만드는 것도 없습니다. 교과서 어딘가에서 읽은 기억이 있지만 생각이 나지 않아 답답할 때, 우리는 소설 주인공처럼 한 번 보면 모든 걸 정확히 기억하는 특별한 능력을 꿈꾸기도 합니다. 하지만 현실에서는 아무리 머리가 좋은 사람도 망각으로부터 자유로울 수 없습니다.

휴식 시간이 지나면
수업 내용을 잊어버립니다

기억의 실험 연구를 개척한 독일의 심리학자 헤르만 에빙하우스의 '망각곡선'에 따르면, 학습 후 10분이 지나면 망각이 시작되어 20분만 지나도 기억의 40퍼센트 이상이 사라진다고 합니다. 수업후 10분의 휴식 시간만 지나도 방금 배운 수업 내용을 잊게 된다는 것이지요.

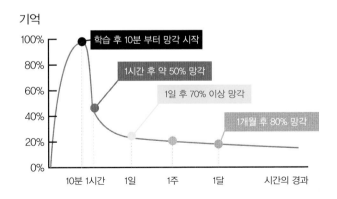

그렇지만 다행스럽게도 망각을 막을 수 있는 간단한 방법이 있습니다. 바로 반복 학습입니다. 우리의 뇌는 들어오는 정보를 해마에서 단기기억으로 저장했다가 중요하지 않은 정보라고 생각하면 폐기합니다. 하지만 같은 정보가 반복해서 들어오면 중요한 정보로 인식하고 대뇌피질의 장기기억에 저장합니다. 학습 내용을 장기기억으로 옮기려면 배운 내용을 반복 입력하여 뇌가 중요한 정보로 인식하도록 만들면 됩니다.

꼭 필요한 정보로 받아들이도록
반드시 복습해요

학교를 졸업하고 영어를 한마디도 쓰지 않고 생활하더라도 'Mom'이나 'Dad'와 같은 익숙한 단어들은 잊어버리지 않습니다. 익숙하다는 것은 수차례 반복 학습되었다는 것이며 우리의 뇌에 장기기억으로 저장되었다는 것을 의미합니다. 잊고 싶어도 잊히지 않는 상태가 된 것이지요. 이는 학습에서 복습을 통한 반복 학습이 중요하다고 강조하는 이유입니다.

장기기억으로 만드는 복습에도 타이밍이 있습니다. 우리의 뇌가 학습 내용을 불필요한 정보로 파악하고 망각하기 전에 복습을 해야 합니다. 새로운 내용을 배우고 외워야 한다면 반드시 24시간이 지나기 전에 복습하세요. 복습은 새로운 내용을 배우는 학습만큼 긴 시간이 필요하지 않습니다. 학습했던 내용을 다시 훑어보고 뇌에 자극을 주는 정도면 충분합니다. 학습 직후 내용을 정리하며 한 번, 자기 전에 하루를 마무리하며 또 한 번 복습합니다. 즉 학습 당일에 두 번 이상 반복하여 복습하기를 추천합니다.

우리의 뇌는 잠을 자는 동안 전날의 정보를 정리하고 저장합니다. 따라서 잠을 자고 난 다음날 아침에 한 번 더 반복하면 배운 내용을 오래 기억할 수 있습니다. 이렇게 다음 날까지 복습을 하면, 우리의 뇌가 잠을 자며 단기기억에 정리해 두었던 학습 내용을 장기기억으로 옮길 수 있게 해줄 것입니다.

뇌의 작용원리에 근거하여 문제집을 풀 때도 각기 다른 유형의 문제를 3개 풀어보는 것보다 한 가지 유형의 문제를 3번 풀어보는 것이 효과적입니다. 공부하면서 어려웠던 부분이나 틀렸던 문제는 반드시 학습 당일 두 번 복습하고 다음 날 한 번 더 반복하는 습관을 가져봅시다.

공부 습관 만들기

자신에게 맞는 최적의 공부환경을 만든다

　사람마다 집중이 잘되는 장소가 다릅니다. 칸막이가 있는 조용한 독서실에서 공부가 잘되는 사람이 있고, 조용하지만 탁 트인 테이블이 있는 도서관에서 집중이 잘되는 사람도 있습니다. 잔잔한 음악이 나오는 카페 공간에서 집중이 잘되는 사람도 있고, 친구들이 방해하지 않는 집에서 공부가 잘되는 사람이 있습니다.

　사람마다 공부가 잘되는 환경은 모두 다르기 때문에 자신에게 가장 적합한 학습 공간을 찾는 것이 필요합니다. 꼭 자신의 책상에서만 공부할 필요는 없습니다. 책상이 아니더라도 집중이 잘되는 곳을 찾아보세요.

집중력이 높아지는 공간은
어디인가요

공부가 잘되는 장소를 찾기 위해 간단한 평가표를 만들어봅시다. 평가표의 내용은 '장소 만족도'와 '공부 효율'로 기준을 나누어 각각의 장소에서 공부할 때 어떤 장단점이 있는지 평가할 수 있도록 구성합니다.

대표적인 공부 장소는 도서관, 스터디카페, 카페, 집이 있습니다.

도서관은 공부 효율이 높지만 공용 공간에, 고정 좌석이 아니기 때문에 타인의 방해에 취약할 수 있습니다. 스터디카페는 비용이 발생하지만 그만큼 관리가 잘 되어 쾌적한 분위기에서 공부할 수 있습니다. 카페는 시끄럽고 집중하기 어려워 공부 효율은 낮지만 노트북을 사용하거나 맛있는 음료를 마실 수 있어 장소 만족도가 높습니다. 집은 가장 편한 분위기에서 공부할 수 있지만 너무 익숙한 탓에 공부 효율이 떨어지기도 합니다.

이와 같이 장소에 따라 공부 효율은 차이가 있습니다. 나의 공부 효율은 어느 장소에서 가장 높게 나타나는지 확인한 후 나에게 맞는 공부 장소를 선택해 보세요.

오늘 공부가 정말 잘되었다면 그 요인은 무엇인지 생각해보세요. 오늘의 컨디션, 공부 장소, 공부 시간대, 사용한 필기구 등 여러 가지 요인이 있습니다. 내일도 공부 효율이 높았던 환경에서 공부한다면 성과도 분명 좋아집니다. 공부가 잘되는 곳을 찾아 꾸준하게 공부하는 가정학습 습관을 만들어보세요.

공부를 방해하는 것은 버리고
공부 루틴을 만들어요

원하는 공간에서 원하는 시간에 공부를 시작하려고 했는데 다른 생각이 뭉게뭉게 피어날 때가 있습니다. 이럴 때는 책상 옆에 수첩 하나를 마련해 두세요. 공부할 때 떠오르는 다른 생각, 걱정거리, 공부가 끝나고 확인할 것들을 수첩에 적어둡니다. 단지 수첩을 하나 두었을 뿐인데, 잡생각이 사라지는 신기한 경험을 하게 됩니다.

공부를 방해하는 것들을 몰아내는 방법은 무척 간단합니다. 가장 먼저 공부에 집중하는 것을 방해하는 원인이 무엇인지 파악해야 합니다. 텔레비전, 휴대전화 등의 전자기기가 공부에 방해가 된다면 공부하는 곳에서 멀리 두세요.

공부하다가 친구에게서 온 메시지에 답장을 보내고 구독하는 유튜버의 새로운 영상을 시청해야 한다면, 공부 집중력은 당연히 떨어집니다. 공부하는 공간에는 공부할 책, 노트, 필기구, 물과 견과류 같은 간단한 간식을 비롯해 시간을 확인할 수 있는 시계나 스톱워치 정도만 가져다 두는 것이 좋습니다.

페이스북 설립자 마크 저커버그는 매일 똑같은 옷을 입었다고 합니다. 그는 중요하지 않은 것에 신경 쓰는 에너지를 아껴서 진짜 중요한 것에 에너지를 쓰는 것이 효율적이라고 생각했습니다. 그에게 옷을 고르는 일은 에너지를 낭비하는 매우 비효율적인 일에 해당합니다.

공부는 루틴Routine이 중요합니다. 루틴이란 같은 행동을 반복하여 몸이 기억하게 하는 것입니다. 몸이 기억하는 공부를 해야 합니다. 언제 무엇을 공부할 것인지 미리 계획을 세우고, 자신에게 맞는 최적의 공부 환경을 만들어 반복하는 것이 중요합니다. 자신에게 맞는 최적의 시간, 공간, 컨디션을 찾아 자신만의 루틴을 만드세요. 가정학습의 루틴은 여러분이 최상의 능력을 이끌어 낼 수 있도록 도와줍니다.

공부 습관 만들기

가장 중요한 교과서를
공부하는 5가지 방법

공부는 새로운 사실을 기억하고 자신의 것으로 만드는 과정입니다. 그 과정에서 가장 필요한 것은 반복 학습입니다. 공부를 잘하기 위해서는 배운 내용을 여러 번 반복하여 새로 배운 내용을 자신의 것으로 만들어야 합니다. 특히 어떤 내용을 반복해야 할까요? 공부를 잘하는 학생들은 공통적으로 교과서라고 말합니다.

목차를 통해 전체를 살펴보기

교과서의 목차는 해당 과목의 전체적인 흐름을 보여주는 학습 지도입니다. 그러므로 교과서 목차를 자세히 살펴봅시다. 전체를 크게 볼 수 있는 숲의 역할을 하는 지도에 단원별로 세세한 나무를 촘촘히 채워 나가며 공부합니다. 학습 지도를 그리는 첫걸음으로 교과서 목차 마인드맵을 만들어보세요.

마인드맵은 내용을 세분화하여 지도를 그리는 것으로 전체와 부분의 관계를 한눈에 파악하는 방법입니다. 한 학기 동안 무엇을 배우는지 주요한 학습의 흐름을 파악할 수 있습니다. 이를 통해 지금 공부하는 내용이 전체적인 흐름 속에서 어느 가지에 속하는지 확인해봅니다. 한 단원이 끝날 때마다 그 단원의 목차를 바탕으로 마인드맵을 작성합니다. 전체적인 학습의 흐름을 파악하면 교과서의 대단원, 소단원, 학습목표 등을 구조화할 수 있습니다.

단원의 학습목표와 학습활동 체크

교과서의 각 단원에 제시된 학습목표와 학습활동을 자세히 살펴봅니다. 학습목표와 학습활동은 해당 단원에서 가장 중요한 학습개념입니다. 그 단원에서 배워야 할 내용이 무엇인지 정확히 알아야 핵심내용을 파악할 수 있습니다. 각 단원의 공부가 끝나면 꼭 학습목표와 학습활동에 대한 답을 적어보는 연습을 합시다. 학습목표를 꼼꼼하게 익히고 문제를 풀면 문제의 출제 의도를 알 수 있습니다.

스키밍과 스캐닝 전략

교과서를 읽을 때 스키밍Skimming과 스캐닝Scanning 전략을 활용합니다. 스키밍은 전체적인 내용을 파악하기 위해 교과서를 빠르게 읽는 것입니다. 스캐닝은 교과서의 세부적이며 특정한 정보를 찾을 수 있는 읽기 전략입니다. 스키밍을 통해 교과서의 핵심 내용을 이해하고, 스캐닝을 통해 촘촘한 내용까지 습득할 수 있습니다.

이때 교과서의 내용을 조각조각 암기하는 것이 아니라 중요한 개념을 이해하고 각 개념간의 빈 부분을 연결하여 채웁니다. 일정한 형태의 도형으로 평면을 빈틈없이 채우는 것을 테셀레이션Tessellation이라고 합니다. 스키밍과 스캐닝으로 교과서 각 단원의 내용을 빈틈없이 모으는 여러분만의 테셀레이션이 필요합니다.

각종 수업정보를 교과서에 모으기

교과서를 중요한 학습 개념이 모두 담긴 종합체로 만듭니다. 학교 수업 내용, 인터넷 강의 내용, 해설서 및 참고서, 수업 필기 내용, 선생님께서 주신 인쇄물 등 모든 학습 보충자료는 형태가 다양합니다. 이처럼 다양한 보충자료를 교과서에 추가하여 정리할 필요가 있습니다. 수업 필기 내용과 해설서 정보, 인쇄물의 내용을 교과서 여백이나 포스트잇에 적어 보충합니다.

이렇게 교과서를 한 권의 종합체로 만드는 과정을 '교과서 단권화'라고 합니다. 단원평가, 중간고사, 기말고사 등의 학교 시험도 교과서를 바탕으로 출제됩니다. 학습 내용이 한곳에 모여 있는 단권화된 교과서를 반복해서 학습하면 배운 내용을 자신의 것으로 만드는 데 효과적입니다.

교과서를 완벽하게 이해하지 못하고 무작정 문제만 풀어서는 좋은 성적을 얻기 힘듭니다. 교과서를 통해 먼저 개념을 익히고, 내가 알고 모르는 것을 확인한다는 생각으로 문제집을 풀어나가는 것이 좋습니다. 문제집을 풀고 틀린 문제나 헷갈리는 개념이 있으면 교과서에서 다시 확인해야 합니다.

핵심 개념을 노트로 정리

빈칸 교과서를 만들어 스스로 학습결과를 점검해봅니다. 교과서 본문을 노트에 옮겨 적거나 교과서를 복사하여 준비합니다. 똑같은 교과서를 한 권 더 구비하면 가장 좋습니다. 교과서의 중요한 단어와 핵심 내용을 수정테이프로 지워 빈칸을 만든 다음 여러 장 복사합니다. 그 후에 전체 내용을 떠올리며 빈칸을 채워봅니다.

처음부터 빈칸을 다 채워 넣지 못해도 괜찮습니다. 빈칸을 완성하지 못한 부분이 바로 여러분이 공부해야 하는 부분입니다. 빈칸을 완성해가며 교과 내용을 파악하고, 완전히 파악되었다고 생각하면 교과서를 보고 종이에 목차만 나열해보세요. 스스로 백지 시험을 치르며 어느 부분을 더 공부해야 할지 확인합니다. 여러분이 알고 있는 것과 모르는 것을 정확히 인지해야 효율적인 공부를 할 수 있습니다.

공부 습관 만들기

틀린 문제는 반드시
다시 풀어본다

리사 손 심리학 박사는 저서 『메타인지 학습법』에서 메타인지를 '자기 자신의 상태에 대한 알아차림'으로 설명합니다. 메타인지는 정답이 아니라 정답을 찾는 과정에서 배우고 습득하는 것을 의미합니다.

물론 시험문제의 정답을 맞히지 못하면 자신에게 실망할 수도 있습니다. 분명 공부한 내용인데 정답을 맞히지 못하다니 스스로가 바보 같고 공부할 의욕이 꺾이기도 합니다.

하지만 당장의 시험 성적이나 자신의 실수에 미련을 두지 마세요. 중요한 것은 지금 자신이 무엇을 알지 못하고, 앞으로 무엇을 공부해야 하는지 스스로 깨닫는 것입니다. 정답을 맞히지 못한 문제를 다시 살펴보고, 틀린 이유를 정확히 확인하고 넘어가야 합니다. 틀린 문제는 왜 틀렸는지 파악하고, 공부한 내용의 퍼즐 조각을 다시 맞추는 과정이 곧 공부입니다.

퍼즐을 맞출 때 퍼즐 조각의 위치를 이리저리 놓아 보고 하나씩 차근차근 맞추는 것처럼, 퍼즐 조각의 방향이 다르거나 위치가 잘못되었다면 다시 퍼즐을 맞추면 됩니다. 지식의 퍼즐 조각을 맞춰가며 다음에는 이 문제를 꼭 맞히겠다는 긍정적인 마음가짐이 중요합니다. 머릿속의 지식 퍼즐을 재구성하는 것은 어렵고 시간이 많이 필요하지만, 여러분의 성장의 기울기가 1퍼센트씩 커지는 과정이라고 생각하는 것은 어떨까요?

틀린 문제는 바로 자신의 약점, 지피지기면 백전불태

세계 최고의 싱크탱크로 꼽히는 랜드연구소의 연구원 사이먼 시넥은 저서『나는 왜 이 일을 하는가?』에서 골든 서클Golden Circle을 소개했습니다. 많은 사람들은 문제 해결을 위해 '무엇을What ➡ 어떻게How ➡ 왜Why'라는 순서로 접근합니다. 하지만 세상을 바꾸는 기업과 사람들은 골든 서클 안쪽에서 바깥쪽을 향한다고 합니다. 바로 '왜Why ➡ 어떻게How ➡ 무엇을What'의 순서로 문제를 해결하는 것이죠. 즉 '목적 ➡ 과정 ➡ 결과'의 순서입니다.

사이먼 시넥이 제시한 골든 서클은 '왜'라는 근본적인 목적을 먼저 염두에 두고, 해결 과정과 결과를 찾습니다. 여러분의 공부에 적용하면 다음과 같습니다.

---

1. Why : 내가 이 문제를 푸는 '이유'는 무엇일까?
         나는 '왜' 이 문제를 틀렸을까?
2. How : 이 문제를 풀려면 '어떤' 과정을 거쳐야 할까?
         이 문제는 '어떻게' 풀어야 할까?
3. What : 이 문제를 풀 수 있으려면 '무엇'을 해야 할까?

핀란드는 매년 10월 13일을 실패의 날로 지정합니다. 이날은 자신의 실패 경험을 이야기하고 서로의 실패를 격려해줍니다. 문제를 풀다가 틀리면 실패했다는 생각이 들 수도 있지만, 이는 자연스러운 배움의 과정입니다.

틀린 문제를 통해 내가 완벽하게 이해하지 못하는 부분이 있다면 그 부분을 제대로 파악하고, 확실히 깨우치면 됩니다. 지금 틀린 문제는 다음 시험에 똑같이 나오지 않을 확률이 더 높습니다. 그러므로 문제나 해설을 암기하려는 것 보다는 틀린 이유를 확인해 보는 것이 더 중요합니다. 문제를 틀리는 이유는 다양합니다. 내용을 숙지하지 못해서 틀린 것인지, 문제의 함정에 빠진 것인지, 잘못된 사고의 흐름으로 오답을 선택한 것인지 이유를 찾아보세요.

문제를 틀린 이유를 알아야 그에 대한 해답을 찾을 수 있고, 앞으로는 같은 실수를 하지 않겠죠. 틀린 문제를 다시 보고 스스로 해답을 찾아가는 것은 '현재의 나'와 '앞으로의 나'의 차이를 메울 수

110

있는 절호의 기회입니다. 이 과정을 통해 여러분이 무엇을 알고 무엇을 모르는지 알아 갑니다.

실패를 인정하고 잘 받아들이기 위해서는 계속 노력하면 해낼 수 있다는 믿음이 필요합니다. 앞으로 맞이할 시대에는 문제에 직면했을 때 능동적으로 대처하고, 스스로 해답을 찾는 능력이 더욱 중요하게 여겨질 것입니다. 지금부터 차곡차곡 노력하면 해낼 수 있다는 믿음을 쌓아가면 좋겠습니다.

공부 습관 만들기

노트 정리 전략을 활용하자

가정학습의 핵심은 자기주도학습입니다. 이는 학습자가 학습과정에 있어 주도권을 가지고 학습목표를 설정하고, 자신만의 학습 전략을 활용하는 학습 방법입니다. 학교, 학원, 온라인 강의를 통해 양질의 학습자료를 얻을 수 있지만, 효과적으로 활용하기 위해서는 각 학습 자료를 연결하여 이해하는 과정이 필요합니다. 그 과정이 바로 노트 정리입니다.

수업 내용을 그냥 눈으로만 보고 넘어가거나 교과서의 내용을 외우기만 한다면 공부한 내용은 '자신의 것'이 되지 않습니다. 노트는 새로운 지식을 습득하는 사고과정을 기록하는 도구입니다. 학습자는 노트에 무엇을 기록할 지 스스로 판단해야 합니다.

학습 자료의 핵심 연결고리
노트 정리

배운 내용을 자신의 것으로 만들기 위한 방법으로 노트정리를 추천합니다. 온라인 수업과 오프라인 수업을 들으며 자기주도학습을 할 때 적용할 수 있는 노트 정리 방법에는 대표적으로 '코넬식 노트 필기법'과 '다빈치 노트 정리법'이 있습니다.

코넬식 노트 필기법 따라하기

'코넬식 노트 필기법Cornell Notes System'은 코넬 대학교의 교육학 교수인 월터 퍽Walter Pauk이 고안한 방법입니다. 이 방법은 1950년대에 코넬 대학교 학생들의 학습효과를 높이기 위해 개발된 것으로 현재는 세계적으로 널리 알려져 있는 대표적인 필기 방법입니다.

1단계 기록하기
수업 내용 영역(Notes Column)에 해당하는 단계로 수업을 듣는 동안 필기를 합니다. 중요한 정보와 상세내용을 자세히 기록합니다.

2단계 축약하기
키워드 영역(Cue Column)에 수업한 내용을 몇 개의 핵심 단어로 간결하게 적어 내용을 축약하는 것입니다. 수업이 끝난 후 복습을 하며 키워드나 질문을 적어 둘 수 있습니다.

3단계 암기하기

키워드 영역(Cue Column)에서 정리한 키워드를 중심으로 학습 내용을 연상하면서 키워드를 보며 필기 영역(Notes Column)의 내용을 떠올릴 수 있도록 소리 내어 공부합니다.

4단계 성찰하기

키워드와 키워드 사이의 연결고리를 바탕으로 이미 알고 있던 내용과 새로운 내용을 연결하며 공부합니다. 단편적인 개념들을 연결하여 전반적인 이해를 확장하고 빠진 부분이나 불필요한 내용, 틀린 내용을 수정합니다.

5단계 복습하기

공부한 내용을 잊어버리지 않기 위해 주기적으로 노트를 확인하며 수업 시간에 필기한 내용부터 스스로 정리한 요약까지 흐름에 따라 복습합니다. 시간차를 두고 작성한 내용을 한 번 더 확인하여 복습합니다.

코넬식 노트 필기법이 학습 효과를 내는 데에는 다양한 원리가 작용합니다. 이 필기법은 기록, 축약, 암기, 성찰, 복습, 총 5가지의 단계를 거쳐 학습자가 수업 내용을 이해하기 쉽고 기억에 오래 남도록 설계되었습니다.

코넬식 노트 필기법은 다음과 같습니다. 먼저 노트를 '제목 - 키워드 - 수업 내용 - 요약 정리'의 4개의 칸으로 나눕니다. 그리고 수업 전, 수업 중, 수업 후에 4개의 칸을 채워 노트를 정리합니다.

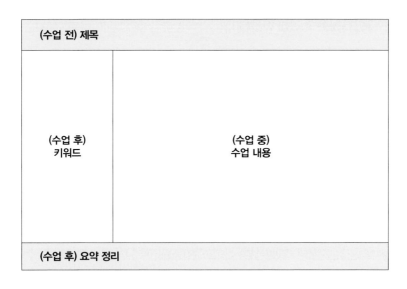

(수업 전) 제목	
(수업 후) 키워드	(수업 중) 수업 내용
(수업 후) 요약 정리	

　수업 전에는 상단의 '제목' 칸에 단원명과 해당 수업의 주제를 적습니다. 수업이 시작되면 '수업 내용' 칸에 꼼꼼하게 필기합니다. 필기할 때 중요한 내용은 강조합니다. 수업을 마치면 '키워드' 칸에 핵심 개념을 바탕으로 핵심 키워드와 궁금한 점을 적습니다. 복습하거나 시험 공부를 할 때 키워드는 곧 인덱스가 되어 수업 내용을 떠오르게 합니다. 궁금한 점을 토대로 직접 문제를 만들어 시험 예상 문제를 대비할 수 있습니다. '요약 정리' 칸은 수업 내용 칸에 필기한 내용을 핵심만 뽑아 1~2줄로 요약 정리합니다. 시험 직전에 요약 정리한 부분 위주로 복습합니다.

다빈치 노트 정리법 따라하기

'다빈치 노트 정리법Da Vinci Notes'은 레오나르도 다빈치가 그림을 그리기 전에 활용했다고 해서 널리 알려진 정리법입니다. 이 정리법도 마찬가지로 공부의 효율을 높이는 필기 방법입니다. 다빈치는 노트를 작성할 때 핵심 아이디어를 표현하고, 노트 여백에 자신의 생각을 정리했습니다. 다빈치 노트 정리법의 두드러진 네 가지의 특징은 다음과 같습니다.

특징1

한 장으로 정리
하나의 주제를 제목, 정보, 생각, 요약의 4개 영역으로 나누어 한 장의 펼침면에 정리합니다. 이때 페이지마다 번호를 적고 차례를 만들면 필요한 정보를 바로 찾을 수 있습니다. 하나의 주제를 넓은 페이지에서 한눈에 파악할 수 있습니다.

특징2

제목으로 요약
제목은 곧 내용의 핵심 주제입니다. 제목을 달지 않고 정리하는 것은 낙서와 다름이 없죠. 내용을 요약할 수 있는 한 단어 혹은 한 문장으로 제목을 만들어 붙입니다. 이때 한 문장으로 요약이 어렵다면 소제목이나 부제를 추가하세요. 주제를 더욱 명료하게 파악할 수 있습니다.

특징3

정보와 생각을 구분
정보를 줄줄이 쓰고, 그 사이 사이에 생각을 첨가하는 것은 어수선해 보일 수 있습니다. 다빈치 노트 정리법은 '정보' 칸과 '생각' 칸이 분리되어 있어, 정보에 따른 생각을 따로 모아 정리할 수 있습니다.

먼저 '제목' 칸에는 공부할 내용의 주제를 적습니다. '정보' 칸에는 핵심 아이디어를 담는 부분으로 수업 시간에 배운 내용을 필기합니다. '생각' 칸에는 핵심 아이디어와 관련한 자신의 생각을 기록하고, 수업 내용을 통해 더 알고 싶거나 새롭게 알게 된 내용을 추가합니다. 마지막으로 '핵심 요약' 칸에는 정보 영역의 강의 내용을 요약하여 적습니다.

다빈치 노트 정리법은 정보를 담은 정보 영역에 수업 내용을 적고, 그 여백에 생각이나 의문점을 적을 수 있어 스스로 공부하기에 적합합니다. 정보 영역과 생각 영역에 다른 색상의 필기구를 사용하면 정보를 분류하고 내용을 기억하는 데 도움이 됩니다. 창의적인 사고가 필요한 과목 필기에 특히 유용합니다.

제목		핵심 요약	
생각 영역	정보 영역	정보 영역	생각 영역

다빈치 노드 징리법은 아이디어나 문제 풀이 방법, 궁금한 점을 생각 영역에 자유롭게 작성할 수 있어 한눈에 정보와 생각을 정리할 수 있습니다. 직관적으로 전체 내용을 파악할 수 있으며 국어, 수학뿐만 아니라 도표나 그림이 필요한 사회, 역사 등의 암기과목 필기에도 적합합니다. 특히 수학 문제를 풀이할 때, 본인의 생각과 풀이 방법을 생각 영역에, 새로 알게 된 공식 등을 정보 영역에 나누어 기록하면 유용합니다.

나만의 노트 정리법 만들기

코넬식 노트 필기법이나 다빈치 노트 정리법은 노트를 정리하는 방법 중 하나입니다. 알려진 노트 정리법을 따르지 않고 자신만의 필기 방법을 고안해도 좋습니다. 노트 정리는 여러 가지 공부 전략 중 하나입니다.

다음의 노트 필기를 보면 수업 자료를 잘라 붙여서 정리하였습니다. 노트에 그대로 옮겨 적는 것보다 수업 자료를 잘라서 붙이면 더욱 깔끔하게 노트를 정리할 수 있습니다. 수업 자료 주변의 여백에는 수업 시간에 선생님께서 말씀하신 내용을 메모합니다.

중요한 부분은 형광펜이나 ☆ 등의 기호로 강조합니다. 모르는 내용이라서 질문이나 검색이 필요한 내용은 색깔을 한 가지 정하여 체크합니다. 이렇게 자신만의 필기 방법을 고안해 노트를 정리하면 전체적인 내용을 파악하고, 교과 내용을 숙지할 때 유용합니다.

★ 나만의 비법 노트 만들기 ★

공부에 도움이 되는 비법 노트는 바로 내가 직접 작성하고 정리한
것입니다. 다음에 제시된 노트 정리법의 예시를 참고하여 나만의
노트 정리법을 마련해 보세요!

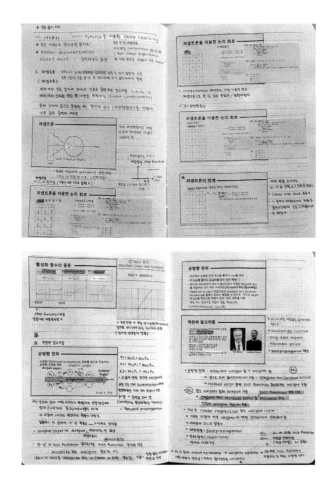

노트도
단권화가 필요합니다

앞서 교과서를 단권화하는 방법을 설명하였습니다. 노트에도 교과 내용을 단권화할 수 있습니다. 노트 정리에서 가장 중요한 것은 스스로 공부 내용을 정리하는 것입니다. 효율성과 가독성을 목적으로 정리하는 것이 중요합니다. 수업 내용, 선생님 설명, 중요한 내용을 여러분만의 기준으로 알아보기 쉽게 정리합니다.

노트 정리를 깔끔하고 예쁘게 하면 자주 보게 되고 공부를 하고 싶어진다는 장점이 있습니다. 하지만 정리하는 데 너무 많은 시간과 노력을 들이게 되면 노트 정리만으로도 공부를 다 했다는 생각이 들 수도 있습니다. 노트를 정리할 때 예쁘고 완벽하게 하려고 시간을 너무 많이 쓰는 것은 좋지 않습니다.

노트를 정리해야 한다는 생각에 스트레스를 받거나 부담감을 느낀다면 전체적인 내용을 정리하기보다 어려운 부분, 외우기 힘든 부분만 노트에 기록하고 반복해서 공부하는 것도 좋은 방법입니다. 교과서에 필기하는 것이 편하고 따로 노트 정리를 하지 않아도 충분히 교과 내용을 잘 숙지할 수 있다면 노트 필기는 필수가 아닌 선택이 됩니다.

공부 습관 만들기

최소의 노력으로 최대의 효과! 오답노트를 만들자

틀린 문제를 다시 풀어보고 오답의 원인을 파악하는 것은 자신의 약점을 강점으로 바꾸는 효과가 있습니다. 시험이나 문제집의 틀린 문제를 체계적으로 확인하고 정답을 확인하는 과정은 꼭 필요합니다. 이때 오답노트를 활용하면 두고두고 요긴하게 쓰입니다. 오답노트는 자신만의 데이터베이스를 만드는 과정입니다.

시험을 치른 뒤 예쁜 노트에 틀린 문제를 단순히 옮겨 적는 학생들을 종종 볼 수 있습니다. 문제를 포함해 해설지의 해설을 하나씩 적다 보면 시간이 훌쩍 지나고, 어쩐지 그날은 공부를 열심히 했다는 착각을 합니다. 다양한 색의 펜으로 알록달록한 예쁜 오답노트를 만드는 것은 공부가 아닙니다. 오답노트를 만드는 목적은 스스로 잘못 이해하고 있는 지식 피즐을 다시 맞춰보고, 내용의 연결고리를 찾아 학습 내용의 빈틈을 채우는 것입니다.

시험 직전에는
오답노트 확인이 꼭 필요해요

오답노트에 틀린 문제를 모두 기록할 필요는 없습니다. 오답노트에는 반복해서 틀리는 문제만 적어보세요. 자꾸 틀리는 문제만 오답노트에 모으다 보면 나의 취약한 유형을 파악할 수 있습니다. 자꾸 틀리는 유형은 개념 공부가 제대로 되어 있지 않다는 의미입니다. 유형을 한눈에 파악할 수 있도록 문제 상단에 문제 유형을 적어두면 좋습니다. 같은 유형을 2문항 이상 틀렸다면 그에 해당하는 개념 공부로 돌아가야 합니다.

또한 오답노트에는 왜 틀렸는지에 대한 명확한 이유를 남겨야 합니다. 예를 들어 '영어 지문 속 어휘 prevent의 뜻을 잘못 해석해서 틀렸음.' 또는 '접속사 on the other hand로 시작하는 문장이 앞 내용과 반대의 의미인 것을 몰랐음.'과 같이 문제를 풀 때 생각했던 과정을 되돌아보며 오답을 선택한 이유를 분석해야 합니다. 몰랐던 어휘를 정리하고 정답을 맞히지 못한 이유를 점검하면 다음에 유사한 문제를 풀때 실수하지 않을 수 있습니다.

오답노트를 꼭 새로운 노트에 만들어야 하는 것은 아닙니다. 풀었던 문제집이나 교과서에 정리해도 괜찮습니다. 시험 직전에 틀린 문제와 헷갈리는 개념을 모아 놓은 오답노트를 훑어보고 시험을 보면 도움이 됩니다. 오답노트의 핵심은 다음과 같습니다.

첫째, 오늘 풀었던 문제부터 시작합니다. 시험 범위의 제일 처음부터 정리하지 않아도 괜찮습니다. 오늘 틀렸던 문제부터 오답을 확인하고 정리한 후에 시험 범위를 차근차근 정리해도 됩니다.

둘째, 문제를 틀린 원인을 반드시 정리하고 해결해야 합니다. 모르는 부분은 교과서나 인터넷 강의를 찾아보거나 선생님께 직접 여쭤보며 올바른 풀이 방법이나 개념을 찾아봐야 합니다. 풀이 방법과 개념은 오답노트에 보충합니다.

셋째, 시험 직전에 오답노트를 확인하고 시험에 응시합니다. 자신에게 취약한 부분을 정리하여 모아두었기 때문에 빠르게 시험 준비를 할 수 있습니다. 문제를 꼼꼼하게 읽고 문제에 함정이 있다면 주의하며 정답을 찾아냅니다.

오늘부터 오답노트를 만드는 습관을 시작한다면 여러분은 한 단계 더 발전할 수 있습니다.

공부 습관 만들기

공부 계획은
꼼꼼한 스터디 플래너로부터

　가정학습 시간이 많아지고 온라인 수업이 보편화되고 있는 요즘, 스터디 플래너를 활용한 자기주도학습이 매우 중요해졌습니다. 스터디 플래너는 매일 일정한 시간에 계획한 공부량을 실천할 수 있도록 도와주는 계획표입니다.

욕심 부리지 말고
계획을 지키는 것이 중요해요

　가정학습 계획을 수립할 때에는 큰 틀의 계획을 세우고, 이어서 세세하게 계획하는 것이 좋습니다. 먼저 가정학습을 진행할 총 공부량을 확인합니다. 그리고 장기목표와 단기목표를 세웁니다. 단기목표는 다시 월간, 주간, 일간의 공부량으로 나누어집니다. 매일의 가정학습이 모여 단기목표를 달성하고, 단기목표를 거쳐야만 최종 목적지인 장기목표에 도달할 수 있습니다. 이때 매일의 목표는 너무 욕심을 부려서 계획한 분량이 지킬 수 없을 정도가 되지 않도록 적절한 공부량을 계획합니다. 일간 학습 계획을 완수하였는지 매일 확인하고 스터디 플래너에 체크합니다.

예를 들어 두 달 동안 영어 교과서와 평가 문제집을 한 번씩 공부하겠다고 계획한다면 이는 장기목표에 해당합니다. 교과서와 평가 문제집이 총 몇 페이지인지 살펴봅니다. 교과서 150페이지와 평가문제집 150페이지라면 총 300페이지입니다. 이것을 월간 계획으로 쪼개면 교과서 75페이지, 평가 문제집 75페이지씩 나눕니다. 교과서를 모두 공부한 다음 평가 문제집을 푸는 것이 아니라 교과서로 개념을 공부하고 평가 문제집으로 문제를 풀어 병행해야 하기 때문입니다. 다시 주간 계획으로 쪼개고 그것을 마지막으로 일간 계획으로 쪼개면 60일간 매일 5페이지씩 공부하는 것으로 결론이 납니다.

하루에 5페이지씩 60일 동안 매일 공부하면 300페이지를 모두 끝낼 수 있습니다. 하지만 컨디션이 좋지 않거나 학습 계획에 변수가 생길 수 있으니 일주일에 하루는 계획을 지키지 못한 공부량을 보충할 수 있는 메이크업 데이Make-up day를 정해두는 것이 좋습니다. 일주일의 하루는 비워두고 나머지 6일의 가정학습 계획을 세우면 다음과 같이 하루 공부량이 나옵니다.

> 300페이지 ÷ 50일(총 60일 – 메이크업 데이 10일) = 6페이지

하루 공부량에 따라 스터디 플래너에 일간, 주간, 월간 가정학습 계획을 수립합니다. 월요일부터 토요일까지 일간계획을 세웠다면 일요일은 계획을 비워 두세요. 미처 다하지 못한 공부량이 있을 경우 일요일에 마무리합니다. 이처럼 하루는 일주일의 가정학습 계획에서 완수하지 못한 공부량을 채우는 날로 정해 열흘 정도로 메이크업 데이를 넉넉하게 둡니다. 컨디션이 좋고 뜻하지 않은 약속도 생기지 않아 공부량을 완수했다면 하루는 자신을 위해 자유 시간을 선물해주세요.

슬럼프에 빠졌을 때
공부 기록을 되짚어보세요

스터디 플래너는 단지 기록만 하는 다이어리가 아닙니다. 자신의 컨디션을 조절해 주며, 불안감이 생기거나 슬럼프가 왔을 때 극복하도록 도와주는 유용한 도구입니다. 스터디 플래너를 통해 공부 내용과 시간을 기록하고, 실행 여부를 체크해야 합니다.

공부가 잘되지 않을 때 스터디 플래너를 처음부터 한 장씩 넘겨 보세요. 그동안 가정학습을 진행한 시간과 노력의 흔적이 고스란히 담겨 있습니다. 지금까지 노력해 온 시간을 살펴보세요. 스터디 플래너는 다시 공부에 매진할 동기를 부여하는 역할도 합니다.

STUDY PLANNER

DATE : 2021.7.2
DAY : 금요일

TO-DO LIST:

☆독서록 작성하기(뇌과학과 인공지능)
☆과학 4과 단원평가 공부
☆사회 수행평가 영상 제작
☐영어 교과서 5단원 단어 외우기
☐수학 소인수분해 연습문제 풀기
☐폼롤러 스트레칭 30분

06:00 AM	
07:00 AM	7:20 기상-늦잠
08:00 AM	온라인 수업 준비/아침 식사
09:00 AM	온라인 1교시 도덕
10:00 AM	온라인 2교시 국어
11:00 AM	온라인 3교시 과학(내일 단원평가)
12:00 PM	온라인 4교시 수학 12:30~13:20 점심 식사
01:00 PM	온라인 5교시 영어회화
02:00 PM	온라인 6교시 정보
03:00 PM	종례 & 수행평가 모둠 온라인 회의
04:00 PM	간식 타임
05:00 PM	과학 4단원 공부 - 인강 듣기
06:00 PM	과학 4단원 공부 - 필기 정리 및 암기
07:00 PM	저녁 식사
08:00 PM	사회 수행평가 영상제작
09:00 PM	사회 수행평가 영상제작
10:00 PM	사회 수행평가 영상제작
11:00 PM	꿈나라

REVIEW :
영상 제작하는 데 너무 많은 시간이 걸렸다.
영어 단어도 못 외우고 소인수분해 연습문제도 못 풀었다.
주말에 밀린 분량 꼭 해야지!
우선순위로 해야 할 리스트 3개 완성한 나를 칭찬한다.
-독서록, 과학 단원평가 준비, 사회 영상 제작 중요한 것 다 끝내서 마음이 한결 가볍다. 잘했어!

TOMORROW :
영어학원 - 단어 퀴즈
할아버지 생신 - 카드 쓰기 & 가족 모임(PM 7-9)

시중에 판매되고 있는 스터디 플래너를 쓰는 것이 불편한 학생들도 있을 것입니다. 빈 노트에 가정학습 계획을 세우고 공부한 내용을 기록해도 됩니다. 혹은 일정관리 애플리케이션을 활용해도 좋습니다. 다양한 시도를 통해 자신을 들여다보고 나에게 최적화된 스터디 플래너 작성법을 찾는 것이 가장 중요합니다. 가장 적합한 공부 방법이 무엇인지 찾고, 이를 도와주는 도구를 활용해서 최대의 효과를 누릴 수 있다면 그것이 곧 정답입니다.

공부 습관 만들기

틈새시간을 똑똑하게 관리하자

　하루는 24시간으로 모든 사람에게 똑같이 주어집니다. 시간은 다른 재화보다 고갈되기 쉽고 통제하기 어렵습니다. 시간 관리의 핵심은 모두에게 똑같이 주어진 24시간을 어떻게 효율적으로 보내는지에 달려 있습니다.

　학교와 학원에 다녀오면 공부할 시간이 없다고 하는 학생들이 많습니다. 자신의 하루 일과를 빈 종이에 쭉 적어보세요. 틈이 날 때마다 친구들과 메시지를 주고받고 있거나 유튜브 영상을 본다면 시간이 금방 지나가 버립니다. 이처럼 무의미하게 보내는 시간이 반복되고 있지 않나요? 틈새시간을 활용할지 그냥 흘려보낼지 결정하는 것은 여러분의 선택에 달려 있습니다.

흘러보내고 있는 시간을 허투루 보내지 말고 작은 계획이라도 하나씩 실천해보세요. 틈새시간을 활용한다는 것은 적은 돈이지만 통장에 차곡차곡 저금하는 것과 같습니다.

하루 일과의 틈새 시간만 계산해봐도 약 2시간 정도의 틈새시간이 생깁니다. 2시간의 틈새시간 중 매일 딱 1시간만 알차게 보낸다면 한 달이면 1,800분, 6개월이면 10,800분이라는 엄청난 시간이 됩니다. 이처럼 값진 틈새시간을 똑똑하게 사용할 수 있을 때 비로소 하루를 알차게 운용할 수 있습니다.

'계획하기'로 시작하는 틈새시간 활용하기

틈새시간에 무엇을 할 것인지 미리 계획합니다. 스터디 플래너를 작성하기, 영어 단어 3개 외우기, 한국사 연대표 암기하기, 수업 필기를 정리하기, 음악 수행평가 3번 연습하기 등 짧은 시간 동안 할 수 있는 일들이 많습니다.

이제 틈새시간에 할 수 있는 것을 노트에 나열하고 언제 실행할지 계획합니다. 점심 식사 이후 생긴 틈새시간에는 음악 수행평가 연습을 3번 반복하기로 계획합니다. 등교 시간에는 영어 단어를 외우고, 하교 시간에는 한국사 연대표를 외웁니다. 그래도 남는 시간이

있다면 휴식을 취하며 재충전하는 시간을 가지세요.

수업 사이의 쉬는 시간도 알차게 보내기

쉬는 시간은 대표적인 틈새시간입니다. 매 수업시간이 끝나고 주어지는 10분간의 휴식 시간은 매일 4~5번 반복됩니다. 휴식 시간마다 같은 습관을 반복하는 것은 실천하기 쉽고 효과적입니다.

쉬는 시간마다 영어 단어를 3개씩 외운다고 생각하고 수첩이나 포스트잇에 외울 영어 단어를 미리 적어보세요. 영어 단어와 영영사전의 뜻이나 예문을 적어 두고 틈새시간이 생길 때마다 딱 3개씩만 암기합니다. 영어 단어 3개를 암기하는 시간은 10분이 채 걸리지 않습니다. 쉬는 시간마다 3개씩 영어 단어를 외운다면 하루에 무려 최대 15개의 영어 단어를 암기할 수 있습니다. 월요일부터 금요일까지 5일간 쉬는 시간에만 영어 단어를 외워도 75개의 영어 단어를 새롭게 알게 됩니다.

너무 힘들거나 의욕이 생기지 않는 날에는 쉬는 시간에 푹 쉬어도 괜찮습니다. 우리에겐 다음 날이 있으니 오늘의 틈새시간을 낭비했다고 불편한 마음을 갖지 말고 내일부터라도 새롭게 시작하면 됩니다.

암기수첩을 활용해서 틈새시간 활용하기

암기수첩은 틈새시간과 뗄 수 없는 사이입니다. 틈새시간에 확인할 수 있도록 작은 수첩에 암기해야 할 교과서 개념이나 한국사 연대표를 미리 적어둡니다. 휴대전화 대신 수첩을 손에 들고 다녀보세요. 틈이 나면 휴대전화를 확인하고 눌러보듯이 수첩을 확인해봅니다. 수첩에 적혀 있는 교과서 개념이나 연대표, 수업시간에 외우지 못했던 수학 공식을 틈틈이 살펴보면 따로 시간을 들이지 않아도 암기해야 할 내용이 머릿속에 쏙쏙 들어옵니다.

그리스어로 크로노스Chronos와 카이로스Kairos는 시간을 의미하는 단어입니다. 크로노스는 이름 자체가 시간이라는 뜻으로 '과거 - 현재 - 미래'로 연속하여 흘러가는 객관적이고 정량적인 시간입니다. 반면 카이로스는 개인의 목적의식이 개입된 주관적이고 정성적인 시간입니다. 카이로스는 주관적인 의미를 부여하여 결정적인 순간과 기회를 포착하는 시간입니다. 공평하게 주어진 시간에 특별한 계획을 더하여 여러분이 카이로스의 시간을 맞이하길 바랍니다.

틈새시간까지 모아 공부한다고 과연 어떤 차이가 있을까 반문하는 학생도 있습니다. 틈새시간을 공부로만 채워야 하느냐고 물어보는 학생도 있지요. 틈새시간을 이용해 나에게 플러스가 되는 행동을 습관으로 만들어보기를 추천합니다. 꼭 공부가 아니더라도 좋아하는 그림을 그리는 시간으로 활용해도 좋고, 하루 일기를 쓰거나 산책을 해 보세요. 때로는 온전히 쉬어도 좋습니다. 틈새시간마다 컨디션 회복을 위한 브레이크 타임을 가져도 괜찮습니다. 틈새시간을 자신만의 유용한 시간으로 바꾸어보세요. 짧은 시간이라도 알차게 보내면 성장하는데 커다란 밑거름이 된답니다.

공부 습관 만들기

누군가에게 가르친다는
생각으로 공부하자

앞서 소개한 EBS 다큐멘터리 〈학교란 무엇인가: 0.1%의 비밀〉에서 성적 상위 0.1퍼센트의 학생들을 상대로 다음과 같은 실험을 했습니다.

75초 동안 25개의 단어를 제시하고 최대한 많은 단어를 기억하게 한다. 자신이 기억하고 있다고 생각하는 단어의 개수를 예측하여 적은 후, 실제로 자신이 기억하고 있는 단어를 적어본다. 기억하고 있다고 예측했던 단어의 개수와 실제 기억하고 있던 단어의 개수를 비교해 본다.

성적이 좋은 학생들은 기억력이 좋을 것이라고 생각합니다. 하지만 실험 결과는 달랐습니다. 상위 0.1퍼센트의 학생들과 일반 학생들이 기억한 단어의 개수에는 차이가 없었습니다.

다만 상위 0.1퍼센트의 학생들은 기억하고 있다고 예측한 단어의 개수와 실제 기억하고 있는 단어의 개수가 거의 일치했습니다. 반면 일반 학생들은 기억하고 있다고 예측한 단어의 개수와 실제 기억하고 있는 단어의 개수가 일치하지 않았고 그 차이도 크게 나타났습니다. 즉 상위 0.1퍼센트의 학생은 7개를 기억하고 있다고 예측했으면 실제로도 7개의 단어를 기억했지만, 일반 학생들은 10개를 기억하고 있다고 예측했지만 실제로 7개의 단어만 기억했다는 것이지요.

상위 0.1퍼센트의 학생들과 일반 학생들 사이의 기억한 단어의 개수 차이는 크지 않았으므로 기억력 수준은 비슷하다고 볼 수 있습니다. 하지만 상위 0.1퍼센트의 학생은 '자신이 얼마나 기억하고 있으며 얼마나 기억하지 못하고 있는지'를 정확하게 인지하고 있습니다. 이 실험은 자신이 알고 있는 것과 모르는 것을 정확히 인지하는 능력, 즉 '메타인지'의 차이를 여실히 보여줍니다.

메타인지란 자신이 무엇을 모르는지 아는 것

메타인지란 '자신이 알고 있는 것에 대해 아는 것'입니다. 즉 자신이 무엇을 알고 있고 무엇을 모르는지 스스로 인지하고 있다는 것을 의미합니다. 최근 연구에서는 IQ보다 메타인지의 차이가 성적에 더 큰 영향을 끼친다는 것이 밝혀지고 있습니다. 학습에서 메타인지는 매우 중요합니다. 자신이 무엇을 알고, 무엇을 모르는지에 대해 정확히 아는 것이야말로 앞으로 무엇을 공부해야 하는지 판단할 수 있는 첫 단계이기 때문입니다.

시험 문제 중에서 맞힌 문제라고 해도 내가 확실히 알고 맞혔는지, 모르고 맞혔는지는 누구보다 자신이 가장 잘 압니다. 긴가민가한 문제를 찍어서 맞혔는데도 불구하고 알아서 맞힌 것이라고 착각하면 그 문제는 다음 시험에서 분명히 틀릴 것입니다. 메타인지가 분명한 학생들은 문제를 풀면서 문제를 맞힐지, 틀릴지 감이 잡힙니다. 자신이 알고, 모르는 것을 분명히 알고 있기 때문이죠.

반면 메타인지가 부족한 학생들은 확실하게 틀린 문제도 왜 틀렸는지 알지 못합니다. 무엇을 모르는지 정확하게 알지 못하기 때문이죠. 해설을 보아도 이해가 안 되는 것은 마찬가지입니다. 자신이 무엇을 모르는지, 어떤 부분을 더 공부해야 하는지를 깨닫지 못합니다. 나아가 잘못된 학습 방법으로 공부하고 있는데도 깨닫지 못하기도 합니다. 자신의 학습 방법을 개선하고 발전시키려면 자신이 무엇을 알고 모르는지를 깨닫는 능력인 메타인지를 발달시켜야 합니다.

남을 가르치려면
자신이 똑똑해져야 해요

메타인지는 어떻게 발달시킬 수 있을까요? 다행히도 쉽게 변하지 않는 IQ와 달리 메타인지 능력은 '말로 설명하는 훈련'을 통해 향상시킬 수 있습니다. 자신이 공부한 내용을 다른 사람에게 말로 설명하다 보면 스스로 아는 것과 모르는 것을 확인할 수 있습니다. 옆자리 친구가 물어본 문제의 정답을 알고 있다고 생각해도, 말로 설명하지 못하고 입에서만 맴돈다면 정답을 정확히 알고 있다고 할 수 없습니다. 말로 설명하는 과정에서 자신이 무엇을 아는지 모르는지를 깨닫게 되며, 이런 활동을 통해 메타인지가 발달합니다.

세계적인 인물들을 쏟아내는 유대인의 학습법으로 알려진 '하브루타'는 전형적인 설명하기 방식의 학습법입니다. 하브루타는 두 사람이 짝을 지어 질문하고 토론하는 유대인들의 동료 학습법으로, 메타인지를 발달시키고 학습의 효율성을 극대화합니다. 학습 24시간 이후 기억에 남아 있는 학습 내용의 비율이 강의식으로 들었던 공부는 단 5퍼센트이며, 서로 설명하는 방식의 공부는 90퍼센트라는 점도 하브루타 학습법의 효과를 증명합니다.

누군가에게 가르칠 것을 목표로, 말로써 막힘없이 설명할 수 있을 정도로 꼼꼼히 공부한다면 기억에 오래 남고 깊이 있는 학습을 할 수 있습니다. 나아가 자신이 무엇을 알고 모르는지도 깨닫게 됩니다.

공부 습관 만들기

아날로그 방식과 디지털 방식을
함께 활용하자

가정학습에서 온라인 수업이 중요해지면서 컴퓨터, 태블릿PC, 휴대전화를 사용하는 시간이 급격히 늘어났습니다. 이제 온라인 수업과 오프라인 수업을 병행하여 수업 진도를 나가는 모습은 일상이 되었습니다. 학생들은 온라인으로 인터넷 강의를 듣고, 애플리케이션을 활용해 학습 계획을 세웁니다. 모르는 부분이 있으면 학원에 다니기도 합니다. 이처럼 최근에는 온라인과 오프라인을 넘나들며 학습하는 것이 익숙해졌습니다.

아날로그와 디지털을
자유자재로 변환하세요

온라인과 오프라인 학습의 강점을 모두 받아들인다면 최고의 학습자가 될 수 있습니다. 마치 아날로그 방식과 디지털 방식을 함께 활용하면 효율을 크게 높일 수 있는 것과 같습니다. 가정학습 계획 수립하기, 일정 관리하기, 노트 필기하기, 시간 계획을 세우고 지켜나가는 행동을 아날로그 방식과 디지털 방식으로 함께 활용할 수 있는 방법을 살펴보겠습니다.

다이어리 활용하기

효율적인 시간 관리를 위해 일정을 기록하는 다이어리를 많이 사용합니다. 아날로그 방식으로 다이어리를 적어 일정을 확인할 수 있지만 다이어리를 집에 두고 나왔다면 일정을 기억하기 쉽지 않습니다. 이때 디지털 다이어리인 '구글 캘린더'나 '네이버 캘린더'와 같은 일정 관리 애플리케이션을 함께 사용하면 어디서든지 확인이 가능합니다.

디지털 다이어리는 알람 설정이 가능하고 카테고리 구분도 가능합니다. 예를 들어 학교나 학원 수업, 온라인 수업을 듣는 시간은 파란색, 휴식을 취하거나 친구를 만날 때에는 초록색을 사용하여 일정을 유형에 따라 쉽게 분류하고 확인할 수 있습니다. 이처럼 디지털 다이어리는 모바일과 PC에서 연동되며 기록과 관리가 편리하다는 장점이 있습니다.

스터디 플래너 활용하기

스터디 플래너는 다이어리와 비슷한 역할을 하는 일정 관리 도구로서, 학습 계획을 기록하고 성과를 확인하는 데 특화되어 있습니다. 스터디 플래너에 하루의 공부량과 공부 계획을 기록하고 체크하는 것은 가정학습 계획을 지켜나가는 데 매우 중요합니다.

스터디 플래너 또한 아날로그 방식과 더불어 디지털 방식을 함께 사용하면 효과적입니다. 특히 'To Do List' 기능이 있는 애플리케이션을 활용하면 좋습니다. 학습의 우선순위를 설정하거나 알림 기능과 기한 설정을 활용해보세요.

'Microsoft To Do', 'Google Tasks', 'Tick Tick'과 같은 애플리케이션은 안드로이드, IOS 모두 지원하며 PC에서도 사용 가능합니다. 할 일을 성취하고 체크 버튼을 누를 때의 뿌듯함을 느껴보세요.

'To Do List' 기능을 이용할 때는 오늘의 공부량만 간단하게 기록해 시각화하세요. 학습 우선순위가 높은 과목의 공부량을 기록하고 여유가 있다면 한 가지 정도의 공부 목록만 추가로 작성합니다. 리스트 옆에 해당 공부량을 수행하는데 필요한 예상 시간도 적도록 합니다.

스톱워치 활용하기

집중력을 향상시키기 위해 스톱워치를 활용하는 연습을 추천합니다. 스톱워치로 제한시간을 정해 두면, 목표한 공부량을 완수하는 데 걸리는 시간을 정확히 측정할 수 있습니다. 도서관이나 독서실에서도 사용이 가능하도록 진동 모드나 무음 모드가 장착된 스톱워치를 사용하면, 장소에 관계없이 시간을 설정하고 공부할 수 있습니다.

시험을 앞두고 공부가 잘되는 것처럼, 스톱워치를 사용하면 마감 효과가 있어 시간 내에 집중해서 목표한 공부량을 마치려고 집중하게 됩니다. 식사 시간이나 휴식 시간에는 일시 정지 버튼을 누르고 다시 공부를 시작할 때 스톱워치를 눌러 하루에 몇 시간이나 공부했는지 확인합니다.

스톱워치 기능을 스마트폰으로 이용하고 싶다면 'Focusi' 애플리케이션을 추천합니다. 30분, 1시간 등 자신이 집중할 수 있는 시간을 설정하여 스톱워치의 기능을 활용할 수 있습니다. 따라서 자신의 공부 속도에 맞게 시간을 설정하기에 유리합니다. 이 애플리케이션의 장점은 시간을 재는 타이머 기능뿐만 아니라 타이머를 실행한 시간을 그래프로 나타내주는 것입니다. 일주일 단위로 나타나는 이 그래프를 활용하여 나의 순수 공부 시간을 파악할 수 있습니다.

방해물 제거에 활용하기

휴대전화를 자주 들여다보는 유혹에 쉽게 빠진다면 집중력 유지를 도와주는 애플리케이션인 '앱블록'이나 '블록사이트'를 추천합니다. 주의를 분산시키는 애플리케이션 알림이나 웹 사이트를 차단하여 집중력 유지를 도와줍니다.

앞서 소개한 'Focusi'도 이와 비슷한 기능을 합니다. 휴대전화를 자주 확인하는 학생들은 이 애플리케이션의 하드 모드를 활용하세요. 하드 모드를 실행하면 휴대전화를 뒤집어 놓아야만 타이머가 실행되므로 공부 시간 동안에는 휴대전화의 방해를 받지 않고 집중할 수 있습니다.

온라인 수업으로 공부하는 방법

PART

04

거리낌 없이 한 시간을
낭비하는 사람은
아직 삶의 가치를
발견하지 못한 사람이다.

찰스 다윈

온라인으로 공부하기

자신에게 적합한
인터넷 강의 찾기

메가스터디, 대성마이맥, 스카이에듀, 이투스는 한국 인터넷 동영상 강의 시장을 이끌고 있는 대표적인 기업입니다. 이와 함께 한국교육방송공사EBS와 강남구청 인터넷수능방송도 인터넷 동영상 강의 서비스를 제공하고 있습니다.

우수한 강사진이 인터넷을 통해 수준 높은 강의를 진행하고 있으며, 한 시간 이상의 강의뿐만 아니라 20~30분 내외의 짧은 시간의 동영상 강의를 제작하기도 합니다. 인터넷 강의는 제작 형식과 길이가 다양하게 변화하고 있습니다.

온라인 등교가 시작되면서 학교에서도 가정 비대면 수업에 인터넷 동영상 강의를 활용하게 되었습니다. 다양한 동영상 강의가 제공되는 환경에서 학생들은 저마다 자신에게 맞는 서비스를 찾아 공부에 활용합니다. 이제 인터넷 동영상 강의는 모든 학생들에게 필수 학습 방법이 되었습니다.

학생들은 텔레비전이나 PC뿐만 아니라 스마트폰 혹은 태블릿 등으로 인터넷 강의를 시청합니다. 전자기기의 사용이 증가함에 따라 시간과 장소의 제약 없이도 인터넷 강의를 들을 수 있게 되었다는 장점이 있지만, 학습자가 자신을 적절히 통제하면서 학업을 이어나가는 자기주도성이 더욱 중요해졌습니다.

똑같은 강의, 하지만 점수는 천차만별인 이유는 무엇일까요?

인터넷 강의를 통해 전국에서 가장 강의를 잘하는 선생님의 수업을 언제 어디서든 시청할 수 있으며 필요하다면 반복해서 시청할 수 있습니다. 시간과 공간의 제약 없는 수준 높은 수업을 누구나 시청할 수 있기 때문에 성적이 오르는 것은 시간문제입니다.

하지만 여전히 성적의 상위권과 하위권이 존재합니다. 누구나 수준 높은 수업을 시청할 수 있지만 성적의 결과는 다릅니다. 이는 학생들이 인터넷 강의를 시청해도 각자 활용하는 방식과 소화하는 정도가 다르기 때문입니다. 먼저 여러분은 인터넷 강의를 어떻게 활용하고 있는지 다음 체크리스트를 통해 확인하기 바랍니다.

☆ 인터넷 강의 체크리스트 ☆

인터넷 강의 활용법에 관한 체크리스트입니다. 다음을 꼼꼼하게 읽고 질문에 대한 답을 솔직하게 입력하세요. 그리고 종합 점수를 모두 합산하여 상단의 총점에 기록하세요.

(총점 : _____ 점)

A. 완강 가능성
1. 인터넷 강의는 전체 몇 강인가요? (_____강)
2. 인터넷 강의를 며칠에 걸쳐 완강할 계획인가요? (_____일)
3. 하나의 강의 시간은 몇 분인가요? (_____분)
4. 하루에 몇 강을 시청하나요? (_____강)
5. 1.5배속이나 2배속과 같이 배속으로 인터넷 강의를 시청하나요? (예 / 아니오)
위의 내용을 고려했을 때 내가 생각하는 완강 가능성을 점수로 체크해보세요. 1   2   3   4   5

B. 강의에 대한 활용
1. 인터넷 강의는 개념 학습을 위해 필요한가요? (예 / 아니오)
2. 인터넷 강의는 문제 풀이를 위해 필요한가요? (예 / 아니오)
3. 인터넷 강의를 시청하기 전과 후에 어떤 학습활동을 하고 있나요? (시청하기 전 활동 : _____ / 시청한 후 활동 _____)
위의 내용을 고려했을 때 지금 시청하고 있는 인터넷 강의를 얼마만큼 활용하고 있는지 점수로 체크해보세요. 1   2   3   4   5

C. 강사 적합도
1. 인터넷 강의를 선택하기 전에 오리엔테이션에 참석하였나요? (예 / 아니오)
2. 맛보기 강좌를 시청하면서 강의 스타일을 확인하였나요? (예 / 아니오)
위의 내용을 고려했을 때 지금 시청하고 있는 인터넷 강의를 충분히 이해하고 시작했는지 점수로 체크해보세요. 1   2   3   4   5

체크리스트를 통해 여러분은 인터넷 강의를 어떻게 활용하고 있는지 살펴보았습니다. 체크리스트에 총점을 기록했다면 아래의 평가를 통해 여러분이 인터넷 강의를 잘 활용하고 있는지, 개선점은 무엇인지 확인하세요.

총점	인터넷 강의 활용도 평가
3~7점	인터넷 강의를 효율적으로 활용하고 있지 않습니다. 인터넷 강의를 어떻게 활용해야 하는지 다시 깨닫고, 강의를 다시 선택하도록 하세요.
8~10점	완강 가능성(A 항목) 점수가 낮다면, 인터넷 강의 시청 계획을 다시 세우거나 다른 강의를 시청하세요. 강의에 대한 활용(B 항목) 점수가 낮다면, 인터넷 강의 전후에 예습과 복습 계획을 세우고 다시 강의를 시청하세요. 강사 적합도(C 항목) 점수가 낮다면, 인터넷 강의를 시작하기 전에 반드시 맛보기 강의를 충분히 시청하고 강의를 선택하세요.
11~15점	인터넷 강의를 효율적으로 활용하고 있습니다.

어떤 일이든지 계획수립 단계에서 자신을 정확하게 객관화하여 파악해야 합니다. 자신을 객관적으로 파악해야만 시행착오를 줄이고 목표까지 속도를 낼 수 있습니다. 단지 성실함과 끈기만으로 인터넷 강의를 완벽하게 활용하기는 어렵습니다. 여러분에게 맞는 인터넷 강의를 선택하려면 먼저 여러분은 어떻게 인터넷 강의를 활용하고 있는지 스스로 알아야 합니다.

온라인으로 공부하기

기본개념 동영상 강의와
개념적용 동영상 강의는 다르다

EBS와 강남구청 인터넷수능방송에서 3,000편이 넘는 강의를 제작하면서 많은 학생과 학부모들의 피드백을 받았습니다. 학생과 학부모들은 어떻게 하면 인터넷 강의를 효율적으로 활용할 수 있는지 궁금해 했습니다.

인터넷 강의를 효율적으로 활용하기 위해서는 가장 먼저 '기본 개념을 학습하는 강의'와 '개념을 적용한 문제를 푸는 강의'를 구분해야 합니다. 자신의 필요에 맞는 강의를 선택했다면 각 강의의 성격에 맞는 공부법을 따라야 합니다.

개념강의와
개념적용강의

처음부터 낚시를 잘하는 사람은 없습니다. 그리고 어느 정도 낚시에 익숙해졌다 하더라도 능숙하게 물고기를 잡기 위해서는 낚시에 대해 좀 더 공부할 필요가 있습니다. 낚시에 대해 공부할 때는 현재 자신의 상황을 파악하는 것이 우선입니다.

낚시에 서툰 사람이라면 낚싯대의 생김새와 찌를 끼우는 방법 등을 이론으로 먼저 익히는 것이 도움이 됩니다. 이론을 잘 알고 있다면 낚싯대를 갖추고, 잘 맞는 선생님과 함께 실전에 나서는 편이 실력 향상에 좋습니다. 즉 자신의 상황에 맞춰 물고기 잡는 방법부터 터득하느냐 혹은 물고기 잡이에 바로 투입되느냐를 결정해야 합니다.

인터넷 강의를 선택하는 것도 마찬가지입니다. 인터넷 강의를 선택하기 전에 자신은 어떤 상황인지, 어떤 부분이 부족한지, 부족한 부분을 어떻게 공부해 나갈지 파악해야 합니다. 기본 개념을 학습하는 강의(개념강의)가 물고기 잡는 방법을 알려주는 것이라면, 개념을 적용한 문제를 푸는 강의(개념적용강의)는 선생님과 함께 직접 물고기 잡이에 나서는 것으로 비유할 수 있습니다.

시험에서 실수가 잦다면 기본 개념을 확실하게 잡지 못했기 때문입니다. 이럴 경우에는 기본 개념을 학습하는 개념 강의를 수강해야 합니다. 시간이 부족해서 문제를 다 풀지 못했다면 문제를 풀면서 속도를 내는 법을 익히지 못 한 것입니다. 이럴 때에는 개념

150

을 적용한 문제를 푸는 개념적용강의를 수강해야 합니다.

개념강의는
복습을 통해 핵심 개념을 습득해요

기본 개념을 학습하는 개념강의를 제대로 활용하려면 강의를 시청한 후 핵심 개념을 복습하는 시간이 반드시 필요합니다. 선생님처럼 개념을 말로 설명하면서 강의 내용을 복습하면 아주 효과적입니다. 강의 내용을 설명하다가 막히는 부분이 있다면 해당 부분만 다시 강의를 시청합니다.

또한 개념에 해당하는 기본 문제를 풀어보며 복습합니다. 빈칸넣기 혹은 난도가 낮은 문제를 풀면서 개념을 잊지 않도록 짧은 시간 안에 반복하세요. 기본 개념을 잘 이해하고 있는지, 개념의 원리를 제대로 파악하고 있는지 확인하는 과정이 중요합니다. 기본개념을 다룬 문제를 풀다가 틀린 문제가 있다면 해당 부분을 다시시청합니다.

강의 내용 설명하기와 기본 개념 문제 풀어보기를 병행하면, 개념강의를 완벽하게 복습할 수 있습니다. 개념강의 복습이 어렵게 느껴져도 너무 걱정할 필요는 없습니다. 개념강의는 아무런 예습없이 바로 강의로 뛰어드는 방식이기 때문에 처음 강의를 접할 때는 어려울 수 있습니다. 개념을 완벽하게 이해하는 것을 목표로 반드시 복습을 하며 여러 번 개념강의를 반복해서 시청합니다.

기본 개념을 학습하는 개념강의는 학습자가 스스로 설명하면서 복습하는 과정이 무척 중요합니다. 개념강의에 대한 복습을 제대로 하지 않으면 사실상 강의를 보지 않았다고 할 수 있습니다. 철저한 복습을 통해 개념강의의 효율을 올릴 수 있도록 합시다.

문제 풀이로 예습하고
개념적용강의로 완벽하게 이해해요

개념강의를 통해 핵심 개념을 이해했다면, 개념을 적용한 문제를 푸는 개념적용강의를 통해 실제 시험에 출제될 문제를 풀면서 실전 감각을 끌어올려야 합니다. 개념적용강의를 시청하기 전에는 반드시 예습을 해야 합니다. 예습 없이 강의를 바로 시청해서는 안 됩니다. 여기서 말하는 예습이란 강의에서 다른 문제를 모두 풀어보는 것입니다. 이 점을 반드시 명심하세요.

예습 없이 강의를 듣는 것은 선생님이 문제를 풀이하는 것을 그냥 앉아서 구경만 하는 꼴입니다. 강의를 듣고 있을 때는 모두 이해한 것 같고 혼자서도 잘할 수 있을 것 같지만, 막상 문제를 풀어보면 선생님이 문제를 풀었던 것처럼 쉽게 풀리지 않습니다.

개념적용강의를 시청하기 전에 문제를 풀 때는 어느 부분에서 시간이 지체되었는지, 어느 부분에서 개념을 적용하지 못해 풀이를 나아가지 못했는지 확인합니다. 정답을 표시하는 것 외에도 '시간 부족' 혹은 '개념을 이해하지 못함'과 같이 문제 풀이과정에서 발견한 어려움을 메모해 둡니다.

예습을 마쳤다면 개념적용강의를 통해 선생님이 문제를 어떻게 풀어나가며, 여러분이 생각한 어려움을 어떻게 해결하는지 확인합니다.

> 문제를 미리 풀며 예습 → 개념적용강의로 복습 → 문제 다시 풀기

이와 같이 인터넷 강의는 개념강의와 개념적용강의로 구분되며, 각각의 강의는 예습과 복습의 순서가 다릅니다. 개념강의로 핵심 개념을 익히며 기본 문제를 풀고, 실전 문제를 미리 풀고 개념적용강의를 시청하는 형태는 인터넷 강의를 이용하는 가장 바람직한 방법입니다. 전체적인 학습의 흐름은 다음과 같습니다.

개념강의로 기본 개념을 익힌다!

↓

난도 낮은 문제를 풀며 개념을 이해한다!

↓

난도 높은 실전 문제를 풀며 예습한다!

↓

개념적용강의로 풀이 과정을 이해한다!

↓

실전 문제를 다시 풀며 완벽하게 마무리한다!

인터넷 강의를 단지 시청하기만 한다면 '학습'이 일어나지 않습니다. 개념강의와 개념적용강의 사이에 예습과 복습을 철저히 하면 아무리 어려운 문제라도 스스로 해결할 수 있습니다. 현재 개념강의를 시청하고 있는지, 개념적용강의를 시청하고 있는지에 따라 예습과 복습을 알맞게 활용하면 제대로 된 학습이 가능합니다.

온라인으로 공부하기

오리엔테이션을
적극 활용하라

여러분은 어떻게 인터넷 강의를 찾아보고 선택하나요? 인터넷 동영상 강의 회사는 자사 홈페이지에 대표 강사의 프로그램들을 대문짝만하게 홍보합니다. 학습 관련 온라인 카페를 조금만 찾아봐도 인터넷 강의 체험단을 모집하는 게시글부터 각종 할인쿠폰을 제공한다는 홍보성 글까지 확인할 수 있습니다. 주변의 친구에게 인터넷 강의를 추천해달라고 하는 방법도 있습니다.

인터넷 강의를 듣기 위해 정보를 찾다 보면 흔히 말하는 1타 강사, 1위 강의를 추천 받습니다. 바로 인터넷 동영상 강의 업계에서 밀고 있는 영역별 상위 1~2위의 대표 강사의 강의입니다. 인터넷 강의를 하는 모든 강사를 홍보할 수 없기 때문에, 인터넷 동영상 강의 업계는 1타 강사의 프로그램을 적극적으로 홍보하고 있죠.

하지만 대표 강사의 프로그램이 반드시 적합한 강의인지는 확실하지 않습니다. 영역별 상위 1~2위의 대표 강사를 결정하는 것은 바로 매출입니다. 매출이 높다는 것은 강사의 실력이 검증되었다는 것을 의미합니다. 그렇다면 매출이 낮은 선생님의 강의는 좋지 않은 것일까요? 절대 그렇지 않습니다. 매출은 실력 외에도 입소문, 홍보와 같은 여러 요소가 작용하여 발생합니다.

인터넷 강의를 선택하는 학습자는 1타 강사 같은 홍보 문구에 휘둘리지 않고 강사 순위에 영향을 주는 다양한 요소를 감안하여 자신에게 맞는 프로그램을 신중하게 선택해야 합니다. 인터넷 강의 선택에 가장 좋은 방법은 바로 오리엔테이션 강의를 활용하는 것입니다.

오리엔테이션 강의를 반드시 시청하세요

대부분의 인터넷 동영상 강의에는 오리엔테이션 강의와 맛보기 강의가 있습니다. 오리엔테이션 강의는 보통 10분 남짓의 영상을 제공합니다. 오리엔테이션 강의는 주로 강사 소개, 강좌의 커리큘럼, 강좌 방향성에 대한 안내로 구성됩니다.

짧게는 1달에서 길면 2~3달 수강해야 할 인터넷 강의를 선택하는 일에는 분명 까다로운 기준이 필요합니다. 다음은 오리엔테이선 강의 체크리스트입니다. 이 체크리스트를 참고하면 적합한 강의 프로그램을 선택할 수 있습니다.

어조	듣기에 불편하지 않은가?
강의 수준	수업 내용의 난도와 속도는 적절한가?
교재의 유무	교재를 활용하는가, PDF를 활용하는가?
강의 길이	계획한 시간 동안 완강할 수 있는가?
유머	주의를 환기하며 호감을 불러일으키는가?
판서	개념을 알기 쉽게 풀이하여 판서하는가? 판서의 서체는 알아보기 쉬운가?

만약 오리엔테이션 강의 체크리스트만으로는 최종 선택이 어렵다면, 맛보기 강의까지 들어봐야 합니다. 일반적으로 1강부터 3강까지는 맛보기 강의로 시청할 수 있습니다. 혹은 회사나 강사의 유튜브 채널 등 SNS를 통해 맛보기 강좌를 제공하는 경우도 있으니 꼼꼼히 살펴봅니다.

강의를 선택하기 전에 미리 알아보는 시간을 아까워하지 마세요

일단 강의를 결정하고 시작했다면 다른 강의로 옮기는 것이 쉽지 않습니다. 그동안 강의를 시청한 것이 아깝기도 하고, 완강을 하지 못했다는 불편함도 있습니다. 그렇다고 자신에게 맞지 않고 도움도 되지 않는 강의를 억지로 계속할 필요도 없습니다.

마음이 내키지 않는 강의를 완강함으로써 발생하는 시간 낭비는 오리엔테이션과 맛보기 강좌를 시청함으로써 충분히 막을 수 있습니다. 아무리 잘나가는 1타 강사의 수업이라고 해도 수업의 난도가 맞지 않을 수 있습니다. 판서가 보기 힘들다거나 강사의 말투가 거슬릴 수 있습니다. 또는 강사의 농담이 재미없거나 불편하다면 그 강의는 여러분의 소중한 시간을 빼앗는 수업입니다.

미리 한두 개의 강의만 들어봐도 나에게 맞는 수업인지 아닌지 판단할 수 있습니다. 인터넷 강의는 여러분이 직접 선택할 수 있습니다. 자투리 시간을 활용해서 강의를 하나 시청해보세요. 잘 맞는 인터넷 강의를 고르는 경험이 한두 번 쌓이면, 많은 시간을 들이지 않아도 자신에게 맞는 강의를 선택하는 것이 한결 수월해집니다.

인생은 탄생Birth과 죽음Death사이의 수많은 선택Choice으로 이루어진다고 합니다. 여러분이 직접 인터넷 강의를 선택하는 것도 수많은 선택 중의 하나입니다. 그리고 그 과정에서 배움을 얻을 수 있습니다. 여러분에게 맞는 인터넷 강의를 선택하기 위해 오리엔테이션과 맛보기 강의를 시청하며 시간과 노력을 들이는 경험은 훗날 좋은 결과로 이어지는 발판이 됩니다.

온라인으로 공부하기

편성된 강의의 수가
다른 것에도 이유가 있다

인터넷 동영상 강의는 보통 10~30강으로 구성되며 간혹 50강 이상의 강의도 있습니다. 특강 형식의 인터넷 강의는 3~5강으로 짧게 구성되기도 합니다. 짧은 강의는 시작하자마자 금방 완강할 수 있어 좋을 것 같지만, 긴 강의에 비해 내용이 부실할 것 같습니다.

반면 긴 강의는 시작도 전에 주눅이 듭니다. 50강이 넘는 강의는 첫 강의를 마쳐도 남은 강의의 개수에 숨이 턱 막히고 막막하기만 합니다. 힘들어도 긴 강의를 완강해야만 제대로 공부한 것처럼 느껴집니다. 여러분은 어떤 강의를 선택하나요? 길이로 좋은 강의와 나쁜 강의를 나눌 수 있을까요?

초반은 호흡이 짧은 강의로 시작하세요

인터넷 강의를 활용해본 경험이 적다면 먼저 강의별 시간이 짧고 전체 강의 수가 적어 호흡이 짧은 강의를 수강해보세요. 짧은 강의일지라도 완강하면 성취감과 자신감이 생깁니다. 이를 바탕으로 길이가 긴 강의도 도전할 수 있으며 끝까지 지치지 않고 완강할 수 있습니다.

초등학생이라면 전체 강의의 분량이 400~600분 정도인 인터넷 강의를 선택합니다. 중학생은 600~1,000분 정도의 분량을 선택하세요. 고등학생은 1,000분 이상의 강의도 충분히 시청할 수 있습니다. 다음은 강의 시간별 권장하는 학년입니다.

강의 ① : 20분 강의 × 30강 = 600분
강의 ② : 30분 강의 × 30강 = 900분
강의 ③ : 50분 강의 × 20강 = 1,000분
강의 ④ : 50분 강의 × 40강 = 2,000분

강의 ①은 총 600분의 강의로 초등학생과 중학생 모두 시작하기에 부담이 없습니다. 강의 ②와 강의 ③은 인터넷 동영상 강의를 시작하려는 초등학생에게는 조금 버거울 수 있으나 중학생은 충분히 시청할 수 있는 분량입니다.

160

강의 ④는 강의의 개수도 많을뿐더러 각 강의의 수업 시간 또한 50분으로 깁니다. 강의 ④는 인터넷 강의에 익숙하지 않다면 강의 후반부로 갈수록 의지가 약해지거나 강의를 소화하는 것이 힘들 수 있습니다. 이처럼 분량이 많은 강의는 인터넷 강의를 시청한 경험이 많거나 고등학생 수준의 집중력을 가진 학생들에 한해 신중하게 선택하길 바랍니다.

자신의 학습 경험에 맞춰 강의를 선택하세요

자신의 학습 경험을 기준으로 인터넷 강의를 선택할 수 있습니다. 인터넷 강의를 통해 영문법을 공부하려는 다음 3명의 학습자를 살펴봅시다.

학습자① : 영문법을 제대로 한 번도 공부한 적이 없음

학습자② : 영문법을 한 번 정도 공부했으나 전반적인 기억이
　　　　　 잘 나지 않음

학습자③ : 영문법을 여러 번 공부했으나 특정 부분이 잘 기억나지
　　　　　 않음

영문법을 제대로 공부한 경험이 없는 학습자 ①은 기본개념 학

습부터 시작해야 합니다. 길이가 긴 강의보다는 영문법이라는 큰 그림을 훑어볼 수 있는 짧은 강의가 적절합니다. 짧은 영문법 강의를 완강함으로써 영문법 학습 경험을 쌓고 자신감도 얻을 수 있습니다.

영문법 학습 경험이 있는 학습자 ②는 아직 기본개념을 완벽하게 습득한 것이 아닙니다. 한두 번 인터넷 강의를 시청한 경험이 있지만 기본개념이 아직 부족하다고 느낍니다. 그렇다면 짧은 강의나 조금 더 긴 강의를 선택해 기본개념을 다시 학습합니다. 이때 인터넷 강의를 시청하는 목적은 지난 학습 기억을 다시 한 번 상기하는 것입니다. 한두 번의 경험이라도 학습했던 기억이 있으므로 영문법 강의를 다시 시청하면 지난 기억이 새록새록 떠올라 개념이 정리됩니다.

영문법을 여러 번 공부한 학습자 ③은 길이가 긴 강의를 수강해도 좋습니다. 다만 강의를 처음부터 끝까지 모두 시청할 필요는 없습니다. 길이가 긴 강의는 보통 모든 개념을 자세하게 풀어놓은 형식이기 때문에 자신에게 부족한 영문법 부분을 찾아서 학습하기에 용이합니다.

인터넷 강의 시청이 처음이라면 짧은 강의를 완강하는 경험을 통해 기본개념을 익히고 자신감을 쌓아보세요. 그리고 예습과 복습을 병행하며 개념을 완벽하게 습득합니다. 나아가 길이가 긴 강의를 통해 부족한 부분을 메워 나가며 학습하세요. 인터넷 강의를 현명하게 활용하는 것이 여러분의 경쟁력입니다.

요즘은 유튜브에도 좋은 인터넷 강의가 많습니다. 유튜브의 강의는 보통 재생 목록으로 묶어 놓은 경우가 많습니다. 재생 목록을 열어 강의 당 평균 길이를 살펴보면 전체 학습 분량을 계산할 수 있습니다. 이와 같이 강의 목록을 살펴봄으로써 전체 학습 분량을 확인할 수 있으니 반드시 참고하기 바랍니다.

오리엔테이션이나 강의 목록을 참고하면 강의별 길이와 전체 강의 시간을 알 수 있습니다. 아무리 좋은 프로그램이라도 소화할 수 없다면 자신에게 맞지 않는 강의입니다. 여러분의 수준에 맞는 강의를 선택하도록 합시다.

온라인으로 공부하기

인터넷 강의의 배속 기능을
활용하는 방법

인터넷 강의를 완강했는데 선생님의 원래 목소리를 모른다는 학생이 있습니다. 학생들의 기억에는 선생님의 목소리가 빠르고 높은 소리로 남아 있습니다. 바로 인터넷 강의의 배속 기능을 활용했기 때문입니다. 완강을 목표로 하는 학생들은 인터넷 강의를 시청할 때 배속 기능을 많이 활용합니다. 빠르게 강의를 시청하기 위해 1.3배속, 심지어 2배속까지 속도를 높여 듣는 학생도 있습니다.

물론 선생님 말의 속도가 빠르지 않아 집중력이 흐려진다면 강의의 속도를 약간 올리는 것이 집중력 향상에 도움이 됩니다. 강의 내용을 놓치지 않을 정도로 속도를 올리는 것은 수업 시간을 단축하며 집중력도 높일 수 있기 때문입니다.

강의 속도를 높일수록
기억은 빨리 휘발됩니다

하지만 완강을 목표로 강의 속도를 무작정 높이면, 강의 내용에서 놓치는 부분이 발생합니다. 이를 대수롭지 않게 넘어가면 학습이 이루어지지 않습니다. 이후 놓친 부분으로 되돌아가 수업을 다시 듣게 되면 결국 완강까지의 시간만 더 지연됩니다.

몇 개의 단어를 10초간 들은 뒤 기억나는 단어를 적어보려고 하면 잘 떠오르지 않습니다. 단시간에 빠르게 흘러간 정보는 머리에 잘 남지 않습니다. 적절하게 인터넷 강의의 배속을 높이면 긴장감이 생겨 집중력을 높일 수 있지만, 머릿속에 입력도 되기 전에 다음 정보가 쉴 새 없이 이어지면 수업 내용은 금세 휘발되어 사라집니다.

따라서 강의의 성격에 맞게 배속 기능을 활용할 줄 알아야 합니다. 그 방법으로 오리엔테이션 강의를 활용하면 좋습니다. 오리엔테이션 강의에서와 본 강의에서의 선생님의 발화속도는 크게 차이가 없기 때문입니다. 오리엔테이션 강의를 들으며 선생님의 발화속도를 확인하고, 자신에게 맞는 배속 기능을 확인합니다.

배속 기능의 활용도는 개념을 배우는 강의와 문제 풀이를 주력하는 강의에 따라 달라집니다. 하지만 어떤 강의에 배속 기능을 적용하더라도 학습 효과를 높이기 위해서는 배속에 상관없이 선생님의 설명을 놓치지 않고 꼼꼼히 들으며 이해하는 것이 중요하다는 사실을 잊지 마세요.

개념적용 강의는
배속 기능에 스킵 기능을 더하세요

실전 문제를 미리 풀어 예습하고 시청하는 개념적용강의에는 배속 기능을 적극적으로 활용할 수 있습니다. 문제를 풀다가 막혔던 부분이나 궁금했던 부분은 개념적용강의를 빠르게 시청하면서 해소할 수 있습니다.

개념적용강의의 모든 내용을 시청할 필요는 없습니다. 배속 기능과 스킵 기능을 이용해 필요한 부분만 찾아서 시청해도 좋습니다. 일부 인터넷 강의에는 인덱스 기능이 있으므로 클릭 한 번으로 원하는 문제 해설을 찾아 시청할 수 있습니다.

개념적용강의를 시청하기 전에 예습을 통해 문제를 먼저 풀어야 한다는 점을 반드시 명심하세요. 그리고 배속 기능으로 전체 강의를 빠르게 시청하다가 집중해서 들어야 하는 부분에는 정속으로 속도를 조절합니다. 또한 적절하게 스킵 기능을 활용하면 전체 수강 시간을 줄이면서도 필요한 부분을 집중해서 학습을 할 수 있어 효과적입니다.

인터넷 강의 기능을 적극 활용해서
반복 학습하세요

개념강의를 한 번 시청했지만 완벽하게 이해하지 못했다면 다시

한 번 강의를 시청해야 합니다. 이럴 때에도 배속 기능을 적절히 활용합니다. 이미 시청했던 인터넷 강의를 다시 들어야 할 때는 집중력이 떨어집니다. 기억에 남아 있는 내용이라면 배속 기능을 활용해서 빠르게 넘어가고, 필요한 부분은 정속으로 시청하여 개념을 복습합니다. 배속과 정속을 혼합하여 인터넷 강의를 시청하면 학습 효과가 뛰어납니다.

배속 기능과 스킵 기능은 적절하게 사용하였을 때 효과가 있습니다. 강의를 처음 시청할 때부터 배속 기능을 사용하여 개념학습이 제대로 이루어지지 않았다면, 강의를 여러 번 시청해도 기억에 남지 않습니다. 배속 기능으로 빠르게 수업을 들었지만 남는 것이 없다면 시간만 낭비하는 꼴입니다. 만약 강의를 듣고도 남는 것이 없다면 두 번째로 강의를 시청할 때는 앞선 내용은 모두 잊어버리고 다시 처음부터 시작한다는 마음가짐으로 임해야 합니다.

완강을 목표로 삼아 무리하게 배속 기능을 사용한다면, 남는 것은 오직 선생님의 기계음 같은 목소리뿐입니다. 완강만을 위해서 배속 기능을 사용하지 마세요. 완강은 최종 목표가 아닙니다. 강의 내용을 얼마나 잘 소화하느냐, 얼마나 효율적으로 인터넷 강의를 시청하느냐가 중요합니다. 인터넷 강의의 장점은 얼마든지 반복해서 시청할 수 있다는 것입니다. 배속 기능과 스킵 기능을 통한 반복 학습으로 인터넷 강의를 효율적으로 활용하길 바랍니다.

온라인으로 공부하기

학교 수업의 능률을
높이는 인터넷 강의 활용법

학습에서 예습과 복습은 매우 중요합니다. 제대로 예습을 하고 수업에 참여하면 수업 내용에 대한 이해가 높아집니다. 또한 학습할 내용 중에서 이해하기 어려운 부분을 미리 발견할 수 있고, 수업 시간에 질문을 통해 바로 해소할 수 있습니다.

학교 수업 내용을 미리 예습하는 것은 사실 굉장히 힘든 일입니다. 숙제하고 복습하는 것만으로도 시간이 부족한데 예습까지 하려니 부담스럽게 느껴집니다. 게다가 앞으로 배울 내용을 혼자서 미리 공부하고 이해하는 것은 무척 어려운 일입니다.

이런 경우 인터넷 동영상 강의를 활용해보세요. 인터넷 강의 중에서 기본 개념을 학습하는 개념강의를 통해 예습할 수 있습니다.

나아가 학교 수업 내용을 인터넷 강의를 통해 복습도 할 수 있습니다. 인터넷 강의를 효과적으로 사용한다면 학교 수업 내용을 이해하는데 큰 도움이 됩니다.

인터넷 강의를 통해 개념을 공부하면 수업의 이해도가 높아집니다

수업 시간 전에 미리 예습하는 것은 수업 시간에 편하게 놀기 위해서가 아닙니다. 예습을 했기 때문에 다 아는 내용이라며 수업에 소홀하면 안 됩니다. 학교 수업의 이해를 높이기 위해 예습한다는 사실을 잊지 마세요.

개념강의로 주요 개념을 미리 예습하면, 수업 내용을 쉽게 이해할 수 있으며 자신이 이해할 수 없었던 내용을 수업을 통해 발견할 수 있습니다. 학교 수업에서 예습한 내용보다 심화된 내용을 다룬다면 선생님께 질문을 하면서 깊이 있는 공부를 할 수 있습니다.

학교 시험은 선생님께서 문제를 출제합니다. 아무리 인터넷 강의를 보면서 나름대로 예습을 했다고 하더라도, 수업 시간에 선생님의 개념 설명을 제대로 듣지 않으면 시험을 대비할 수 없습니다. 인터넷 강의를 통해 미리 공부한 개념과 학교 수업에서 배운 개념을 직접 비교해서 분석하면, 공부할 내용을 입체적으로 학습할 수 있으며 다양한 각도에서 개념을 이해할 수 있습니다. 인터넷 강의를 통해 예습을 하고 학교 수업에서 다시 공부하는 과정은 마치 건

물의 안전을 확인하기 위해 미세한 균열을 찾는 것과 같이 내단히 중요한 일입니다.

학교 수업 내용을 문제 풀이와 인터넷 강의로 복습하세요

개념강의를 통해 학교 수업을 예습했다면 개념적용강의를 통해 학교 수업의 내용을 복습할 수 있습니다. 학교 수업을 마치고 실전 문제를 풀면서 인터넷 강의를 활용합니다. 이처럼 인터넷 강의와 학교 수업을 병행한다면 공부할 내용을 완벽하게 이해할 수 있습니다.

(인터넷 강의) 개념강의로 기본 개념을 예습한다!
↓
학교 수업을 듣는다!
↓
문제를 풀어본다!
↓
(인터넷 강의) 개념적용강의로 어려운 부분을 해결한다!
↓
잘 모르는 부분은 선생님께 질문하고 완벽하게 이해한다!

학교에서 배운 내용을 복습할 때는 먼저 가벼운 마음으로 관련 문제를 풀어봅니다. 문제를 모두 풀고, 틀리거나 어렵게 느껴졌던 문제에 체크합니다. 체크한 문제를 해결하기 위해서 개념적용강의를 시청합니다. 배속 기능이나 스킵 기능을 활용해 해당 문제 부분만 시청하는 것도 좋습니다. 선생님이 문제를 푸는 것을 그냥 지켜보는 것이 아니라, 난제를 어떻게 해결해나가는지 집중해서 시청합니다.

이 과정에서 모든 문제를 해결하면 좋겠지만 그렇지 못한 문제도 남아 있습니다. 학교 수업과 인터넷 강의를 통해서도 해결하지 못한 문제는 학교 선생님께 조언을 구합니다. 수업 시간 전후에 선생님을 찾아가 질문하고 해답을 구합니다.

선생님께 조언을 구할 때에는 어떤 부분이 어려운지 구체적으로 질문하는 것이 좋습니다. 풀이 내용 중 직접 해결한 부분과 이해되지 않는 부분을 표시하여 풀이를 진전하는 방법을 여쭤보세요. 어떤 부분이 어려웠는지 선생님께 정확하게 말씀드린다면, 선생님도 빠르고 정확한 해결책을 제시할 수 있습니다.

학교 수업은 중요한 내용만 빠르게 점검하고 넘어갈 수 있기 때문에 인터넷 강의를 병행하면 공부할 내용에 빈틈이 생기지 않습니다. 인터넷 강의를 통해 예습과 복습을 하고 학교 수업의 이해도를 높이세요. 학교 수업의 이해도가 높아지면 무엇을 알고 무엇을 모르는지 스스로 파악할 수 있습니다. 모르는 것은 질문을 통해 해결하세요. 학교 선생님께 질문할 시간이 없다면 인터넷 강의 게시판의 Q&A를 이용해도 좋습니다.

온라인으로 공부하기

궁금증에 대한 해답을 찾는
지름길은 바로 인덱스 기능

인터넷 동영상 강의에는 인덱스 기능이 있습니다. 인덱스는 인터넷 강의 재생 플레이어의 좌우 측면에 있으며, 클릭하면 학습자가 원하는 곳으로 빠르게 이동하는 기능입니다. 인터넷 강의의 인덱스 기능을 잘 활용하면 학습 효과를 높일 수 있습니다.

강의의 인덱스는
책의 목차와 같아요

인터넷 강의를 시작하자마자 선생님은 바로 개념을 설명하거나 문제 풀이를 시작하지는 않습니다. 본 수업을 진행하기 전에 선생님은 보통 이번 강의의 학습 목표를 설명한다든지 의욕을 일으킬 만한 이야기를 들려주는 오프닝 시간을 가집니다. 이 시간을 활용하여 이번 강의의 인덱스를 살펴보세요. 인덱스를 살펴보면 강의 전체의 흐름을 파악할 수 있습니다.

이번 강의에서는 개념을 많이 다루게 될지 혹은 문제를 많이 풀어볼지 인덱스를 통해 3~4초면 파악할 수 있습니다. 강의의 흐름을 미리 알고 수업을 시청하면 어느 부분에 더 집중해야 하는지 미리 알 수 있습니다. 사실 인터넷 강의 내내 100퍼센트 집중하는 것은 무척 힘듭니다. 인덱스를 살펴봄으로써 집중해야 할 곳을 미리 확인한다면 학습 집중도를 유지하고 학습 에너지를 분배하는 데 도움이 됩니다.

부족한 부분을 채울 수 있는 가장 빠르고 확실한 방법

반복 학습을 할 때 인덱스 기능을 활용하면 효율적입니다. 인터넷 강의 내용 중 이해하기 어려운 부분이 있을 때에는 해당 부분의 인덱스를 활용해 반복 학습합니다.

만약 '목적어로 쓰이는 to부정사와 동명사' 부분을 반복해서 학습하고 싶다면, 영문법 인터넷 강의 전체 목차에서 목적어를 다룬 강의를 찾습니다. 그리고 강의 인덱스에 표시된 'to부정사와 동명사' 부분을 찾아 집중해서 학습할 수 있습니다.

예습을 할 때에도 인덱스가 요긴하게 쓰입니다. 알고자 하는 부분을 인덱스에서 찾아 빠르게 이동하세요. 필요한 부분만 집중해서 예습하고 학교 수업을 들으면 됩니다.

인덱스 기능은 인터넷 동영상 강의를 시청하는 데 들이는 시간과 노력을 조금이나마 절감하기 위한 좋은 장치입니다. 인덱스 기능을 활용해 강의 전체의 흐름을 파악하고, 강의를 시청하는 데 필요한 학습 에너지를 배분하세요. 나아가 예습과 복습을 할 때 필요한 부분을 찾아가며 공부한다면 인터넷 동영상 강의로 공부하는 효율을 높일 수 있습니다.

온라인으로 공부하기

유튜브의 학습법 동영상을 활용하라

주요 과목만 잘해서 좋은 성적을 낼 수 있을까요? 지금 잘하는 과목을 계속 잘하려면 어떻게 해야 할까요? 주어진 시간 안에 여러 과목을 공부하기 위해서는 어떻게 공부해야 할까요? 열심히 공부하는데도 성적이 오르지 않으면 어떻게 해야 하나요? 공부하다가 슬럼프가 오면 어떻게 대처해야 할까요?

공부하면서 누구나 이와 같은 질문을 해본 적이 있습니다. 모두 좋은 성적을 내기 위해 갖는 궁금증입니다. 좋은 성적은 주요 과목만 잘한다고, 무작정 오래 앉아서 열심히 한다고 얻을 수는 없습니다. 공부의 효율을 높이고 좋은 성적을 받기 위해서는 자신의 학습법을 개선할 필요가 있습니다.

딱 맞는 학습법은
유튜브가 알려줍니다

사실 학습법이라는 것이 워낙 다양해서 어느 하나만 믿고 적용하기는 어렵습니다. 틈나는 대로 학습법 관련 동영상을 시청하면서 자신에게 맞는 학습법을 찾아가는 과정이 반드시 필요합니다.

유튜브에는 선생님이나 선배가 알려주는 다양한 학습법이 있습니다. 과목 전반에 걸친 학습법을 제공하는 채널부터 특정 과목만 다루는 채널들까지 다양하게 있으니 두루두루 살펴보고 여러분에게 적합한 내용을 골라 적용해보기 바랍니다.

동영상의 제목을 보고 필요한 동영상을 골라 배속 기능으로 먼저 살펴봅니다. 동영상 하단에 채널 관리자가 추가한 설명이나 인덱스를 추가한 고정 댓글이 있으니 참고하여 활용합니다. 다음의 표는 과목별 추천 공부법 채널입니다. 이미 많은 학생들을 통해 검증된 인기 채널이니 참고하여 자신에게 맞는 학습법을 찾아보세요.

과목별 공부법 추천 유튜브 채널

분야	채널 이름
학습 전반	대기자TV / 조작가의 스몰빅클래스 / 정승익TV / 소린TV
영어	혼공TV(초중영문법, 독해) / 또선생(고등 수능영어) / 리디아BDBD(영어듣기평가)
과학	싸이수 / 클래스로그(과학, 사회)
한국사, 사회	빡공시대TV / 최태성TV

온라인으로 공부하기

값비싼 강의만이
좋은 것은 아니다

사람들은 보통 비싼 값을 치러야만 양질의 서비스를 받을 수 있다고 생각합니다. 특히 무료 서비스와 유료 서비스가 있다면 당연히 유료 서비스가 더 많은 혜택이 있을 것이라 생각합니다. 하지만 가격이 높다고 반드시 좋은 서비스를 받는 것일까요?

가격보다 중요한 것은
나의 의지입니다

인터넷 강의는 무료 서비스와 유료 서비스가 공존합니다. 무료로 강의 서비스를 제공하는 사이트에서는 책만 구매하거나 자료만 출력하면 수준 높은 강의를 시청할 수 있습니다. 돈을 내지 않고도 양질의 서비스를 받을 수 있습니다. 다만 값의 유무보다 중요한 것은 인터넷 강의를 예습과 복습에 활용하려는 여러분의 강한 의지입니다.

대한민국 최고 강사가 활동하는 EBS 인터넷 강의

EBS는 최고의 무료 인터넷 동영상 강의를 제공하고 있습니다. 중학교 과정은 'EBS중학', 고등학교 과정은 'EBSi' 채널에서 다루고 있습니다. EBS 공식 사이트에 접속하여 주요 학습 서비스 중 [중학] 탭으로 접속하면 EBS에서 제공하는 중학교 과정의 무료 강의를 시청할 수 있습니다. 이와 차별되는 [중학 프리미엄] 탭은 전부 유료 강좌를 제공하고 있습니다. 고등학교 과정은 EBSi에서 전면 무료 강의로 제공하고 있습니다.

EBS중학, EBSi의 강의는 EBS에 소속된 강사들이 주로 EBS에서 제작하는 교재 또는 강사가 직접 만든 교재를 바탕으로 무료로 제공합니다. 반면 EBS 중학 프리미엄은 외부 출판사에서 제작한 교재를 EBS에 소속된 강사 또는 외부 강사를 통해 강의를 제작하여 유료로 판매합니다.

각 학년을 비롯해 예비 중학생이나 예비 고등학생을 위한 강좌도 있습니다. 해당 학년과 과목을 선택하면 수준별 맞춤 학습으로 강의를 선택하는 데 도움을 받을 수 있습니다.

EBS의 무료 강의는 강좌를 선택하고 수강신청을 하면 교재를 구매하지 않아도 모든 강의를 무료로 시청할 수 있습니다. 무료 강의라고 해서 바로 시작하지 말고 반드시 오리엔테이션과 맛보기 강좌를 시청해서 여러분에게 적합한 강의인지 확인해야 합니다. 2~3강을 수업하고 나서 자신에게 맞지 않다고 생각해 다른 강의를 찾게 되면 시간을 낭비하게 되므로 미리 확인하는 것이 현명합니다.

저렴한 수강료에 고품질 강의를 제공하는 강남구청 인터넷수능방송

강남구청 인터넷수능방송에서도 우수한 강의를 저렴한 비용으로 시청할 수 있습니다. 강남구청 인터넷수능방송은 [중등부]와 [고등부] 강의를 제공하며, 1년간 모든 과목을 무제한으로 수강할 수 있는 수강권을 저렴한 가격에 판매합니다.

EBS의 유료 강의와 마찬가지로 다양한 외부교재를 활용합니다. 기본 개념강의뿐만 아니라 내신 대비를 위한 인터넷 강의도 제공하고 있습니다. 정회원이 되면 가격 대비 서비스가 좋은 강의를 무제한으로 시청할 수 있고 동영상 다운로드도 가능합니다. 인터넷 연결 없이도 공부할 수 있도록 필요한 강의는 미리 다운로드하세요. 특히 몇 차례 반복해서 공부해야 하는 개념강좌는 다운로드가 필수입니다.

인터넷 강의 Q&A나 수강 후기에 글을 남기면 선생님과 소통할 수 있습니다. 직접 대면하여 수업하는 것이 아닌 인터넷 강의지만 이를 통해 소속감을 느끼고 수업에 더욱 즐겁게 참여할 수 있습니다.

동영상으로 공부하기

실시간으로 공부하는
모습을 공유하자

지금의 학생들은 디지털 네이티브Digital Native 세대입니다. 디지털 네이티브란 어린 시절부터 디지털 환경에서 성장한 세대를 뜻하는 말로, 스마트폰으로 모든 것을 해결할 수 있으며 인터넷이 연결된 곳이라면 무인도에서도 살 수 있다고 합니다.

비대면 수업이 늘어나고 인터넷 동영상 강의를 통한 온라인 수업의 중요성이 강화되는 지금, 디지털 네이티브의 관심을 사고 있는 것이 바로 쌍방향 캠 독서실입니다. 학생들은 화상 회의 프로그램에 접속하여 비대면 독서실에 입장합니다. 화상 회의 프로그램은 보통 줌Zoom을 활용합니다. 줌을 통해 독서실에 입장하여 공부하는 모습을 실시간으로 공유합니다. 온라인에서도 열심히 공부하는 친구들과 같이 있다는 유대감을 느낄 수 있으며 공부 의욕을 높일 수 있다는 장점이 있습니다.

친구들이 공부하는 영상을 보면서 공부 의욕을 높여보세요

디지털 네이티브는 회상 회의 프로그램 외에도 공부 의욕을 높이기 위해 스터디 위드 미Study with me 동영상을 활용합니다. 주로 유튜브를 통해 시청할 수 있는 이 영상은 출연하는 인물이 말없이 공부에 집중합니다. 공부하는 모습을 담은 녹화 영상을 업로드하거나, 장시간 동안 실시간으로 송출하는 채널도 있습니다. 그 모습을 보며 함께 공부하는 것이죠.

영상에 등장하는 사람들의 공부 형태나 목적은 다양합니다. 대입 시험을 준비하는 고등학교 3학년 학생, 공학이나 의학 등 전문 분야를 공부하고 있는 대학생, 국가고시나 자격증 시험을 준비하는 수험생, 자기계발을 위해 외국어를 공부하는 직장인도 있습니다. 모두 자신의 목표를 이루기 위해 노력하는 모습을 다른 사람들과 공유하고 있습니다.

동영상에 출연하는 사람들은 다른 사람에게 공부하는 모습을 보여줌으로써 긴장과 집중을 할 수 있습니다. 영상을 시청하는 여러분은 그들이 열심히 공부하는 모습에 자극받고 공부하려는 의지를 얻을 수 있습니다.

온라인에 연결된
새로운 공부 환경을 만들어보세요

온라인을 통해 다른 사람과 함께 공부하는 것뿐만 아니라 혼자 공부할 때에도 도움이 되는 동영상이 있습니다. 자연의 사진이나 따뜻한 분위기의 삽화에 잔잔한 음악이 있다면 공부에 도움이 되기도 합니다. 학습 시간을 고려하여 적당한 길이의 동영상을 재생하고 해당 시간 동안 공부에 집중해보세요.

유튜브에는 집중력을 높여주는 음악이나 기억력 향상을 위한 음악과 같이 공부에 도움을 주는 동영상이 많습니다. 동영상의 효과는 사람마다 다르겠지만 잔잔한 음악을 들으며 공부하면 지루함을 달랠 수 있습니다. 하지만 동영상을 재생하기 위해 스마트 기기를 주변에 놓아두면 집중력이 분산되기도 합니다. 공부에 도움이 되는 영상을 찾느라 시간을 허비하는 자신을 발견하기도 하죠. 만약 스마트 기기 사용을 스스로 통제하기 어렵다면 이 방법은 다시 생각해 보는 편이 좋습니다.

온라인 독서실에 참여하거나 공부에 도움이 되는 영상을 시청하는 것으로 새로운 공부 환경을 만들 수 있습니다. 디지털 네이티브는 온라인에 항상 연결되어 있으며 온라인을 통해 정보를 습득하고 발전하는 사람입니다. 스마트 기기를 효율적으로 활용해서 인터넷 강의를 시청하고, 새로운 공부 환경을 만들어 나가며 최고의 결과를 만들어내는 여러분이 바로 디지털 네이티브입니다.

182

몰입을
위한
공부환경
만들기

PART

05

지금 하고 있는 일에
모든 정신을 집중하라.
햇빛도 한 초점에 모아질 때만
불꽃을 낸다.

알렉산더 그레이엄 벨

집중력 획득하기

만병의 근원 스트레스, 학업에도 영향을 미친다

학업으로 인한 스트레스는 정신적 고통을 넘어 두통이나 소화불량 등의 신체 증상으로 이어지기도 합니다. 최근 학업으로 인한 스트레스 상승이 사회의 문제가 되고 있습니다. 여성가족부에서 실시한 청소년종합실태조사의 결과에 따르면 청소년의 48.4퍼센트가 온라인 수업 확대와 불규칙한 등교 상황으로 인해 학교생활을 부정적으로 생각한다고 응답했습니다.

한국교육개발원에서 주관하는 위Wee프로젝트는 학교와 교육청의 다중 안전망 체계 구축을 통해 위기 상황에 노출된 학생에게 심리평가와 치유 서비스를 제공하는 사업입니다. 다음에 나오는 사연은 위프로젝트 우수사례집에 소개된 한 학생의 사연입니다.

잘해내고 싶다는 욕심으로 인해 학업 스트레스가 높았다. 머리가 늘 묵직하고 이유 없이 소화가 안 되며 배가 아픈 상황들의 연속이었다. 심리적인 불편감은 신체적 증상으로 나타날 수 있으며, 이것은 집중력 저하와 학교생활의 어려움으로 이어진다. 지속적인 상담을 통해 스트레스 완화 관리법을 찾고 변화하고 싶은 목표를 향해 나아가보자는 조언을 받고 개인 상담이 진행되었다.

소개된 사연처럼 학생들은 공부와 성적에 많은 스트레스를 받고 있습니다. 하루에도 몇 시간씩 공부를 해야 하는 치열한 경쟁 속에서 시험 성적에 관한 스트레스는 더욱 커질 수밖에 없습니다.

과도한 스트레스는
학업 능률을 떨어뜨립니다

공부를 하다 보면 자연스럽게 스트레스가 쌓이게 됩니다. 스트레스를 무시한 채 공부 시간을 늘려야만 좋은 성적을 받을 수 있다고 생각하지만 이것은 사실이 아닙니다. 과도한 스트레스는 공부의 효율을 떨어뜨리며 공부한 만큼 성과를 낼 수 없게 합니다.

미국의 심리학자인 로버트 여키스와 존 도슨은 인간의 스트레스 수준과 과제 수행 능력이 역 U자 관계라고 설명했습니다. 쉽게 말해, 일정 수준까지는 스트레스가 증가함에 따라 과제 수행 능력도 함께 향상합니다. 이때의 스트레스는 긍정적인 영향력을 갖고 있어 집중력을 높이고 단기간에 많은 내용을 습득할 수 있게 합니다.

여키스-도슨 곡선

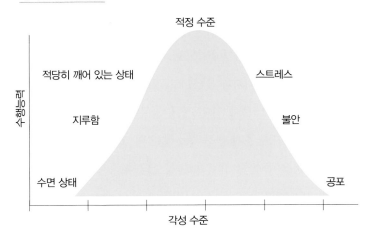

하지만 스트레스가 일정 수준을 넘어서면 과제 수행 능력이 떨어집니다. 스트레스가 지나치게 높으면 집중하기란 거의 불가능에 가깝습니다. 아무리 집중하려고 노력해도 공부하는 내용이 머릿속에 입력되지 않는 현상이죠. 이 상태가 지속되면 머리가 아프고 위가 쓰린 느낌을 받기도 합니다.

스트레스 관리도 실력,
비법은 15분 단위 학습

학업 성취도를 최고로 끌어올리기 위해서는 과도한 스트레스를 피히고 적정 수준의 스트레스를 유지해야 합니다. 스트레스를 적당히 유지하면서 학습의 효율을 높이는 방법으로 15분 단위 공부법을 추천합니다. 15분 단위로 시간을 쪼개어 공부하고 잠시 휴식을 취하는 공부법입니다.

쉬고 싶은 욕구를 참아 내며 오랜 시간 책상에 앉아 있는 대신, 공부의 효율을 높이기 위해 잠시 휴식을 취하며 스트레스를 풀어 주세요. 예를 들어 15분 동안의 목표 공부량인 수학 문제집 2페이지를 모두 풀었다면, 흥겨운 음악을 들으며 잠시 쉬거나 간단한 스트레칭으로 몸을 풀어줍니다. 5분 정도의 휴식은 다음 15분의 공부 시간에 집중할 힘을 줍니다. 이렇듯 잠깐의 휴식은 스트레스 수준을 조절하여 높은 학업 성취도를 이끌어 냅니다. 공부를 할 때는 휴식도 필요하다는 사실을 잊지 말고 효율적으로 공부합시다.

집중력 획득하기

시선이 흐트러지는 것은 곧 집중력의 분산

주의가 산만한 학생들에게서 흔히 발견되는 공통적인 특징이 있습니다. 시선을 한곳에 오랫동안 모으지 못하고 금방 분산시킨다는 점입니다. 이런 학생들은 선생님의 설명이나 풀어야 할 문제에 집중하지 못합니다. 대신 손에 쥐고 있는 필기구나 주변 친구들의 표정에 더 신경을 씁니다. 시선을 자꾸 옮기며 주변을 살펴보는 모습은 공부에 집중하는 상태라고 볼 수 없습니다.

자기계발서의 작가 모리 겐지로는 책상 앞에 앉자마자 바로 몰입하는 기적의 노하우를 다룬 책『기적의 집중력』에서 집중력을 높이려면 시선을 모아야 한다고 강조합니다.

시선을 잡아주는
가림막을 활용하세요

집중력을 높이기 위해 어떻게 하면 시선을 분산시키지 않고 한 곳에 모을 수 있을까요? 말 그대로 시선이 흐트러지는 것을 물리적으로 차단하는 것도 좋은 방법입니다. 가림막을 사용하여 시선이 흐트러지는 것을 막아봅시다.

독서실 책상의 생김새를 떠올려보세요. 독서실 책상은 양옆이 막혀 있습니다. 양옆으로 세워져 있는 벽 때문에 펼쳐 놓은 교과서나 문제집 이외의 것에는 시선을 둘 수 없습니다. 주의력이 흐트러지는 것을 방지할 수 있죠. 이러한 특징으로 집보다 독서실에서 공부하는 것이 집중력이 좋아진다는 학생이 많은 것도 바로 그 때문입니다.

항상 독서실에서 공부할 수는 없다면 집에 있는 책상을 독서실 책상처럼 만들면 됩니다. 파일 두 개를 겹쳐 가림막을 만들 수도 있습니다. 혹은 책을 높게 쌓아 시야를 좁힐 수도 있습니다. 그렇게 하면 주위에 신경 쓰지 않고 당장 해결해야 하는 공부에 온전히 집중할 수 있습니다.

문제와 내 몸이 가까울수록
집중력이 올라갑니다

쉬운 기본 문제를 풀 때와 생소한 유형의 심화 문제를 풀 때는 자세부터 달라집니다. 기본 문제를 풀 때는 의자에 편하게 앉아 가벼운 마음으로 풀이하지만, 조금 어려운 심화 문제를 만나면 자연스럽게 긴장하고 의자를 바짝 당기고 앉아 문제를 풀기 시작합니다.

문제의 난도에 따라 달라지는 것은 우리의 마음가짐뿐만 아니라 몸의 자세도 마찬가지입니다. 긴장하고 집중할수록 몸에 힘이 들어가면서 움츠러듭니다. 자연스럽게 시야가 좁아지며 집중력이 상승하는 것입니다.

의자는 책상에 불편하지 않을 정도로 바짝 붙입니다. 펜을 쥔 손에 힘을 주고, 반대편 손은 문제집 위에 올려 문제를 둘러싸며 집중합니다. 다른 문제로 분산될 수 있는 시선까지 차단하면 집중력은 최고로 올라갈 수 있습니다.

가림막을 세우고 의자를 바짝 끌어당겨 집중력을 높여도 계속 주위가 산만하다면 다음 방법을 참고해보세요. 먼저 노트나 교과서 여백에 점을 하나 찍습니다. 그리고 그 점을 빤히 응시합니다. 점의 잔상이 남을 때까지 뚫어져라 처다본 다음 공부를 시작합니다. 점을 빤히 처다보는 30초 내외의 짧은 시간이지만 이 간단한 방법은 단기 집중력을 높이는 데 아주 유용합니다.

지금까지 소개한 집중력을 높이는 방법의 원리는 아주 간단합니다. 고도의 집중을 원한다면 시선이 흔들리지 않도록 시선을 한곳으로 모아 보세요. 시선이 흐트러질 때마다 시선을 모으기 위해 노력하고 집중력을 올리는 연습을 하세요.

집중력 획득하기

공부하는 장소의 환경은
항상 정리정돈을 유지하자

　평소에는 신경 쓰이지 않았던 책상 위는 공부만 하려고 하면 지저분하게 느껴집니다. 공부에 방해가 될 것 같아 책상을 청소하다 보면 어느새 시간이 훌쩍 지나갑니다. 그렇다고 청소를 하지 않고 너저분한 상태로 바로 공부를 시작하면 어떻게 될까요?

　미국의 범죄학자인 제임스 윌슨과 조지 켈링의 '깨진 유리창 이론'에 따르면 사소한 무질서를 방치하다가는 더 큰 문제가 발생합니다. 유리창이 깨지고 번호판이 없는 자동차가 길에 방치되어 있을 때, 사람들은 자동차의 배터리, 타이어 등의 부품을 무분별하게 훔쳤습니다. 이에 더해 자동차를 마구 부수고 파괴했죠. 방치된 유리창이 깨진 자동차를 중심으로 범죄가 발생한 것입니다.

이 이론을 적용한 긍정적인 사례가 있습니다. 1980년대 뉴욕시는 지하철의 낙서를 깨끗하게 지우는 활동을 시행했습니다. 이 결과, 연간 60만 건 이상의 심각한 범죄가 일어났던 뉴욕시의 범죄율이 크게 줄어들었습니다.

책상을 정리하면 집중력이 살아납니다

책상 위의 작은 잡동사니도 깨진 유리창과 같습니다. 잡동사니가 한 개에서 두 개, 두 개에서 네 개가 되는 것은 순식간에 일어납니다. 그렇게 하나둘씩 모인 잡동사니에 여러분은 공부할 공간과 집중력을 빼앗깁니다.

미네소타 대학교의 캐슬린 보스 교수 역시 깨끗한 방이 사회적으로 옳은 행동을 하는 데 도움을 준다는 사실을 실험을 통해 밝혔습니다. 연구팀은 먼저 실험자를 깨끗한 방과 지저분한 방에 무작위로 배정했습니다. 그 다음 실험자에게 보육원에 기부할 액수를 정하도록 하고, 사과와 초콜릿 중 먹고 싶은 음식을 고르게 했습니다.

깨끗한 방에 있던 사람들은 지저분한 방에 있던 사람들보다 상대적으로 기부금을 더 많이 냈고, 초콜릿보다 건강한 음식인 사과를 더 많이 선택했습니다. 이 실험은 깨끗하고 청결한 환경이 사회적으로 더 올바른 행동을 하게 만드는 원동력이 된다는 사실을 말해줍니다.

프린스턴 대학교의 사빈 카스트너 교수는 어지러운 환경 속에서 우리의 뇌는 처리해야 할 것들이 많다고 인지하고, 그로 인해 공부에 집중하기 어렵다고 말했습니다. 물건이 많을 때는 주의를 기울여야 하는 대상이 많아지므로 공부라는 한 가지 일에 집중하지 못합니다. 공부가 아닌 다른 정보를 처리하느라 정작 중요한 공부에 쏟을 집중력이 떨어지는 현상이 일어납니다.

정리정돈의 힘, 필요한 것만 가까이에 두세요

우리의 뇌가 공부에 집중할 수 있도록 어수선한 책상 위부터 치워봅시다. 사전에 의하면 정리정돈의 정의는 '주변에 흐트러진 것이나 어수선한 것을 한데 모으거나 있어야 할 자리에 가지런히 두는 것'을 의미합니다. 즉 책상을 정리하고 정돈하려면 책상 위의 잡동사니를 먼저 모은 뒤 그것이 원래 놓여 있어야 할 장소에 가져다 놓는 행동이 필요합니다.

공부할 때 필요한 교과서와 문제집, 노트와 필기구만 남겨두고 나머지 공부에 방해되는 물건은 한데 모읍니다. 그리고 공부에 방해가 되는 것들을 시선에서 먼 곳에 둡니다. 사용 빈도가 낮은 물건은 책상에서 고개를 들었을 때 바로 보이는 곳이 아닌 책상 서랍에 넣거나 다른 장소에 옮겨놓는 것입니다.

반대로 공부에 필요한 물건은 가까이 둡니다. 책상에서 고개를 들면 바로 보이는 책장 두 칸을 정합니다. 매일 공부해야 하는 책들은 아래쪽 칸에 가지런히 꽂은 뒤 왼쪽과 오른쪽으로 나누어 손이 더 닿기 편한 곳에는 오늘 공부해야 하는 책을 두고, 반대쪽에는 이번 주 내로 공부해야 할 책을 두어 구분합니다. 이렇게 공부의 우선순위를 정하여 책을 정리합니다. 당장 이번 주 내로 공부하지 않을 책들을 과목별로 꽂아두면 나중에 공부할 때 찾기 편리합니다. 이미 공부를 마쳤거나 풀이를 끝내 다시 보지 않을 책들은 과감하게 정리하여 버리는 것도 좋습니다.

초등학교 창의적 체험학습 중 자율 부분에서는 물건을 정리정돈하는 방법에 대해 소개하고 있습니다. 정리정돈의 습관은 기본 학습 태도와 연결될 만큼 중요합니다. 책상 위의 잡동사니를 치우고 공부에 몰입할 수 있는 정돈된 환경을 만들어 가정학습에 더욱 집중합시다.

집중력 획득하기

공부가 습관이 되는
환경을 조성하자

한 해가 바뀌면 새해 목표를 세우며 새로운 다짐을 합니다. 하지만 안타깝게도 결심이란 그리 오래 지속되지 않습니다. 미국 스크랜턴 대학교의 조사에 따르면 92퍼센트의 사람들이 새해 첫날 다짐한 목표를 지키지 못 합니다. 왜 시간이 지나면 결심을 지키기 어려울까요?

인간 행동 연구 전문가이자 서던캘리포니아 대학교 심리학과 교수인 웬디 우드는 저서 『해빗』에서 인간의 의지는 시간이 지날수록 점점 사라진다고 하였습니다. 그는 마음의 결심이 시간이 흘러도 퇴색되지 않게 하려면 습관으로 만들어야 한다고 말합니다. 습관은 우리 삶의 43퍼센트를 이루고 있으며 의지와 상관없이 자신도 모르는 사이에 행동하게 만듭니다. 습관을 만들기 위해서는 그 행동을 할 수밖에 없는 환경을 만드는 것이 중요합니다.

집에서 입던 잠옷은
잠시 넣어두세요

가정학습을 할 때 편안한 복장보다는 외출복을 입고 공부하는 것도 공부 습관을 만드는 좋은 방법입니다. 집은 가장 편안함을 느끼는 공간입니다. 타인의 시선을 신경 쓰지 않아도 되기 때문에 흔히 편안한 복장으로 생활합니다. 편안한 복장으로 생활하다 보면 자연스럽게 쉬고 싶은 마음이 생겨납니다.

편한 복장으로 집에서 가정학습을 한다면 긴장이 풀어져 공부에 집중하기 어렵습니다. 집에서도 긴장감을 유지하려면 편안한 복장보다는 외출복을 입고 생활해봅시다. 어떠한 옷을 입느냐에 따라 마음가짐이 달라집니다. 외출복을 입으면 편안한 옷을 입었을 때보다 집중력이 높아지며 가정학습에 전념할 수 있습니다.

시너지 효과를 발휘하는
스터디를 활용하세요

집에서 스스로 하는 가정학습은 장단점이 분명히 존재합니다.

친구들과 잡담하지 않고 온전하게 공부에 집중할 수 있지만, 스스로 공부하려는 강한 의지가 필요합니다. 친구들과 공부하는 학교나 학원의 교실에서는 서로가 서로를 의식하고 격려하며 함께 공부 의지를 다질 수 있습니다. 하지만 가정학습은 의식할 대상이 없어 금세 공부 의지가 사라지기도 합니다.

마라톤 경기는 초반에 다른 선수들을 의식하며 레이스를 펼치지만, 경기 후반에는 다른 선수들과의 간격이 점점 벌어져 혼자만의 레이스가 시작됩니다. 가정학습도 마찬가지입니다. 고독한 레이스가 시작되면 자신과의 싸움이 중요합니다.

가정학습이 어렵다면 혼자 스스로 공부하는 것에 어려움을 느끼는 탓입니다. 그렇다면 친구들과 함께 공부 계획을 세우고 학습 성과를 인증하는 스터디 모임을 만들어보세요. 정기적으로 공부한 내용을 사진 찍어 공유하거나 직접 만나서 문제집을 확인하는 방법으로 서로의 공부량을 체크하세요.

스터디 모임에서 가정학습 목표를 달성한 친구에게는 칭찬을 해주고, 그러지 못한 친구는 다독여주며 의지를 북돋아 줍니다. 친구들과 서로 견제하지 않고 선의의 경쟁자가 되었을 때 함께 성장할 수 있습니다. 지속적으로 계획을 지키지 못하는 친구가 있다면 벌칙을 만들어 공부할 수 있도록 독려하는 것도 좋은 방법입니다.

이때 스터디 모임의 구성원 모두 같은 공부량과 진도를 맞출 필요는 없습니다. 스터디 모임의 목적은 구성원 서로의 가정학습을 격려하기 위한 것이지 라이벌을 만들기 위함이 아닙니다. 스터디 모임 구성원 각자에게 적당한 공부량과 속도가 있으므로 목표는 서로 다르게 설정하며 함께 공부하는 것에 의의를 두세요.

수업 시간과 휴식 시간이 명확한
학교 시간표를 활용하세요

학교는 정해진 수업 시간표가 있어서 학생과 선생님은 시간표에 맞춰 하루를 보냅니다. 정해진 시간에 수업을 듣고 쉬는 시간에는 복습을 하거나 휴식을 취합니다. 또한 점심시간에 맞춰 식사를 하고 종례를 마치면 하교합니다. 학교는 시간표에 맞춰 운영되기 때문에 규칙적인 생활이 가능합니다.

학교에서 수업 시간표를 지키는 것처럼 가정학습을 할 때에도 시간표를 만들고 지켜보세요. 그날의 학습 계획에 맞춰 알람을 설정합니다. 알람에 맞춰 공부를 시작하고 끝내는 행동을 반복하면 자연스럽게 공부 시간에 집중할 수 있게 됩니다. 학교에서 정해진 수업 시간에 자유롭게 행동할 수 없는 것처럼, 가정학습 시간에는 긴장을 풀지 않고 공부에 집중합니다.

이때 중요한 것은 가정학습 시간표에 따라 쉬는 시간도 잘 지켜야 한다는 점입니다. 쉬는 시간에도 공부를 계속한다면 이어질 공부에 집중하기 어렵습니다. 정해진 쉬는 시간에는 꼭 가벼운 휴식을 취하는 것이 필요합니다.

그렇다고 해서 가정학습 시간표를 학교와 똑같이 맞출 필요는 없습니다. 사람마다 공부가 잘되는 시간이 다르기 때문에 공부가 가장 잘되는 시간이 언제인지 확인하는 것이 중요합니다. 공부 효율이 높아지는 시간에는 수학이나 영어 등 집중력이 필요한 과목을 배치하고, 집중력이 떨어지는 점심시간 전후에는 복습을 하거나 단순한 문제 풀이를 중심으로 공부 계획을 세웁니다.

가정학습 시간표를 만들었다면 반드시 잘 보이는 곳에 붙여둡니다. 칠판 바로 옆에 수업 시간표를 붙여두는 것처럼 집에서도 가정학습 시간표를 눈에 띄는 곳에 붙여두고 자주 들여다보며 목표를 확인하세요. 목표를 설정해도 자주 들여다보지 않으면 목표가 무엇이었는지, 자신이 어디까지 왔고 얼마나 더 공부해야 하는지 잊어버리게 됩니다.

활활 타올랐던 공부 의지도 시간이 갈수록 희미해지기 마련입니다. 의지가 사라지기 전에 습관으로 만들어야 합니다. 집에서도 외출복을 즐겨 입고 친구들과 스터디 모임을 만들며 가정학습 시간표에 따라 공부하는 것은 훌륭한 공부 습관을 만드는 데 큰 도움이 된답니다.

집중력 획득하기

공부하기 좋은 공간은
따로 있다

　맹자의 어머니는 맹자에게 훌륭한 교육 환경을 만들어주기 위해 세 번이나 이사했다고 하죠. 예전부터 교육에 있어서 환경 요인은 매우 중요하게 보았습니다. 하지만 요즘에는 교육을 위해 여러 번 이사하는 것이 쉬운 일은 아닙니다.

　잦은 이사가 어려운 대신 다른 방법으로도 더 좋은 교육 환경을 만들 수 있습니다. 공부에 도움이 되는 환경은 꼭 이사를 통해 얻어지는 것이 아니기 때문입니다. 지금 살고 있는 곳에서도 최고의 공부 환경을 만들 수 있습니다.

　공간철학자 신기율에 따르면 과거 학문의 요람이던 서원은 그 지역을 대표하는 산의 혈처(풍수지리의 명당)에 자리를 잡았다고 말합니다. 뱀처럼 구불거리는 문곡성文曲星이나 붓을 닮은 탐랑성 貪狼星의 기세를 받는 곳이 바로 공부의 명당입니다. 이처럼 공부 는 혼자 머리를 굴리는 일이 아니라 '자연의 기운과 공명하며 하늘 의 뜻을 알아가는 일'이라 여겼습니다. 이렇듯 우리의 선조들이 명 당에서의 공부는 장소가 주는 좋은 기운을 얻어 더욱 잘된다고 믿 었던 것처럼, 우리도 우리가 살고 있는 집을 공부하기에 좋은 환경 으로 바꾸어 봅시다.

책상의 위치를 바꾸면 공부 효율이 올라갑니다

공간 전문가들은 공부방 인테리어에서 가장 중요한 포인트로 책 상과 의자를 꼽습니다. 공부의 가장 기본이 되기 때문이죠. 책상의 크기는 지나치게 큰 것은 피하도록 합니다. 교과서와 노트, 필기구 몇 가지 정도만 올려놓을 수 있는 크기가 좋습니다. 의자는 바퀴가 달린 것보다 고정된 것이 좋습니다. 움직임이 자유로운 의자에 앉 으면 주의가 산만해지기 쉽기 때문입니다.

책상과 의자는 창가에 가까이 두면 좋습니다. 책상을 창가 가까이 에 두면 외부에서 들어오는 기운을 받으며 공부하기 좋습니다. 창문 이 없는 방이라면 방을 전체적으로 조망할 수 있는 위치에 책상을 둡니다. 책상의 뒤편에 문이 있거나 등 뒤의 공간이 너무 넓으면 불 안감이 생겨 학습 효율이 떨어질 수 있으니 이점도 유의하세요.

가끔은 거실을
공부방으로 만들어보세요

거실은 집의 중심에 위치하기 때문에 가족 모두가 지내는 공용 공간입니다. 보통 거실은 휴식의 공간으로 이용하기 때문에 공부를 목적으로 거실을 활용한다는 것은 낯설게 느껴집니다.

거실이라는 새로운 장소에서 공부하면 장소를 대하는 태도가 달라지고 공부 의지를 새로 다질 수 있습니다. 노트에 문제를 풀어 내려가는 연필 소리와 시계의 똑딱거리는 소리만이 흐르는 공부방과는 달리, 부엌의 설거지 소리나 오가는 가족들의 생활 소음이 들리는 거실에서의 공부는 새롭습니다. 불규칙한 소리는 집중에 방해가 되지만 생활 소음이 있는 거실은 오히려 집중력을 높이는 데 도움을 주기도 합니다.

일본의 공부법 전문가인 오가와 다이스케는 저서 『거실공부의 마법』에서 거실의 장점을 살려 공부에 성공한 사례를 소개합니다. 일본 최고의 명문학교 도쿄대학교의 재학생 74퍼센트는 초등학생 때부터 거실에서 공부하는 습관이 있습니다. 또한 직업의 특성상 가정 방문이 잦았던 저자는 공부를 잘하는 학생이 사는 집의 거실에는 지도, 지구본, 사전 등이 놓여있는 경우가 많았다고 합니다.

카페가 공부 장소로 인기가 많은 이유 중 하나는 주위에 적당한 소음이 있기 때문입니다. 적당한 소음은 집중하기 좋은 환경을 만들어줍니다. 집중력이 떨어지는 날에는 거실에 나와 공부하는 시간을 가져보세요.

공간의 변화를 통해
새로운 집중력을 획득하세요

　신경과학과 건축학을 합친 신경건축학은 건축물이나 공간에 따라 달라지는 뇌의 반응을 관찰하는 학문입니다. 사람들이 공간에 따라 다른 반응을 보이는 것을 분석하고, 그 분석에 따라 사람들에게 좋은 영향을 주는 건축물을 연구합니다.

　신경건축학의 연구에 따르면 사람들은 대체로 공간이 넓고 창문이 크며 빛이 많이 드는 밝은 공간에서 자유롭고 쾌적한 상태가 된다고 합니다. 집에서 가장 면적이 넓고 커다란 창문이 있는 거실은 공부에 도움을 주는 장소입니다. 거실에 앉아 창문을 내다보며 공부하면 가슴이 트이고 기분 전환에도 도움이 됩니다.

　공간이 주는 영향력은 여러 분야에서 인정받고 있으며, 많은 기업들은 업무의 효율을 높이기 위해 사무실 인테리어를 중요하게 생각하고 있습니다. 세계적 기업인 구글, 페이스북, 마이크로소프트는 딱딱한 책상과 의자가 일률적으로 배치된 업무 공간에서 탈피하고, 보다 넓고 자유로운 분위기에서 구성원이 서로 소통할 수 있도록 업무 공간을 바꾸고 있습니다.

　여러분도 책상 배치를 바꾸면서 공부 효율이 높아지는 배치를 찾아보세요. 가끔은 거실처럼 익숙하지 않은 환경에서 적당한 긴장감을 유지하며 공부해보세요. 공부하기 좋은 공간은 따로 있습니다. 작은 변화가 공부 효율을 높이는 데 큰 도움을 줄 수 있답니다.

집중력 획득하기

공부하는 동안에는
스마트폰을 멀리하자

지난 2020학년도 대학수학능력시험 만점자 중 한 학생은 수능 만점의 비결로 폴더폰을 꼽았습니다. 전교 하위권이던 그가 상위권이 되고 대학수학능력시험에서 만점까지 받을 수 있었던 비결은 바로 스마트폰의 유혹에서 벗어나는 것이었습니다. 다양한 기능을 활용할 수 있는 스마트폰 대신 전화와 문자 등의 기본적인 휴대전화 기능만 탑재한 폴더폰을 사용하였기 때문에 공부에 더욱 매진할 수 있었다고 합니다.

게임, 메신저, SNS 등의 애플리케이션이 없으며 전화와 문자 등 휴대전화의 기본적인 기능만 탑재한 폴더폰인 일명 '열공폰'이 시중에 출시되어 있습니다. 기술이 발전할수록 더욱 많은 기능을 담고 편리한 애플리케이션을 활용하는 지금, 스마트폰의 기능을 삭제한 폴더폰이 좋은 성적을 내는 비결이 된 이유는 무엇일까요?

스마트폰의 유혹을 벗어나려는 강한 의지가 공부의 밑거름이에요

스마트폰의 강한 중독성과 집중력에 끼치는 부정적인 영향으로 인한 피해는 생각보다 매우 심각합니다. 스마트폰을 사용하면 뇌에서 행복과 만족을 느끼게 하는 신경전달물질인 도파민이 분비되어 전두엽을 자극합니다. 도파민은 의욕을 샘솟게 해주는 신경전달물질이기 때문에 적당히 분비되면 두뇌 활동이 증가하여 학습 속도, 끈기, 작업 속도 등에 긍정적인 영향을 줍니다.

하지만 스마트폰을 지나치게 사용하면 도파민 분비가 계속되고, 도파민 과다분비로 자극적인 행위 외의 다른 모든 것에 흥미를 잃는 뇌구조로 변형됩니다. 즉 스마트폰 중독으로 인해 우리의 뇌는 사고나 판단, 집중력을 관장하는 전두엽의 기능이 저하됩니다.

정보통신정책연구원의 분석 자료에 따르면 학생들의 하루 평균 스마트폰 이용 시간은 중학생이 2시간 24분으로 가장 길었고, 고등학생은 2시간 15분, 초등학교 고학년 학생은 1시간 45분, 저학년 학생은 4분입니다. 또한 과학정보기술통신부 자료에 따르면 청소년의 35.8퍼센트는 스마트폰 과의존 위험군으로 조사되었습니다. 이처럼 많은 학생들이 스마트폰이 주는 즐거움에 빠져있습니다.

208

어떻게 하면 스마트폰의 유혹에서 벗어날 수 있을까요? 1960년대 후반 스탠퍼드 대학교의 월터 미셸 교수와 그의 연구팀은 미취학 아동들을 대상으로 연구를 실시하였습니다. '마시멜로 실험'이라고 부르는 이 유명한 연구의 내용은 아이들 앞에 맛있는 마시멜로를 두고 감시자가 잠시 자리를 비운 15분 동안 마시멜로를 먹지 않고 기다린 아이에게 그에 대한 보상으로 마시멜로를 한 개 더 주는 테스트입니다.

실험의 결과는 잘 알려져 있습니다. 마시멜로의 유혹을 참고 보상을 받은 아이들은 그렇지 않은 아이들보다 청소년기에 학업 성취도에서 높은 성적을 받았고, 좌절과 스트레스를 견디는 힘이 강한 것으로 확인되었습니다. 이 실험에서 보상을 받은 아이들은 대부분 자제력이 높은 편이며, 학업에서의 인내력과 끈기로 이어져 우수한 학업 성취도를 기록할 수 있었습니다. 마시멜로 실험 결과를 통해 알 수 있는 사실은, 공부를 잘하는 학생들은 뒤에 찾아오는 좋은 성적이라는 보상을 기대하며 스마트폰이라는 달콤한 유혹을 참아 냅니다. 또한 지금 자신이 수행해야 하는 공부량을 분명히 인지하고 이를 충실하게 해내는 능력이 뛰어납니다.

스스로 통제할 수 없다면
주변 환경을 바꾸세요

지금 당장 스마트폰의 유혹에서 벗어나는 것은 무척 어려운 행동입니다. 아날로그와 디지털을 오가며 과거보다 빠르고 효율적인 삶을 살고 있는 여러분들에게 스마트폰을 내려놓으라는 조언은 어른들의 구시대적인 생각일 뿐이며 분명 미래지향적인 태도는 아닙니다. 스마트폰의 알림 기능이나 일정 관리 애플리케이션을 활용하고, 온라인 수업에 언제 어디서나 접속할 수 있는 스마트폰은 이제 학습자의 필수품입니다.

여기서 이야기하는 것은 스마트폰에 대한 중독에서 벗어나라는 것입니다. 유용한 기능을 적절하게 사용하는 것이 아닌, 여러분의 뇌를 끊임없이 자극하는 스마트폰의 중독에서 반드시 벗어나야합니다. 스마트폰 중독에서 벗어나려면 행동의 변화가 필요하지만 인간의 의지는 자칫하면 꺾이기 쉽습니다. 따라서 인간의 의지가 아닌 환경을 통제하는 것이 필요합니다.

심리학과 교수인 웬디 우드의 저서『해빗』에 따르면 인간의 의지는 한계가 있으며 습관을 형성하기 위한 중요한 요소는 상황에 있다고 합니다. 즉 어떠한 행동을 하거나 하지 않게 만드는 것은 동기, 보상, 자제력과 같은 정서적 요소가 아닌 상황의 통제에 있습니다. 만약 군것질을 줄이고 싶다면 냉장고에 초콜릿이나 케이크를 두고 강한 의지로 먹는 행동을 참는 것이 아니라, 애초에 냉장고에 간식을 두지 않는 방법으로 환경을 통제하여 군것질을 막아야 합니다.

공부를 하는 동안에 스마트폰 사용을 자제하는 것도 이에 비추어 생각할 수 있습니다. 스마트폰을 책상 위에 올려두고 애써 스마트폰을 보지 않으려고 노력하는 것보다, 애초에 전원을 꺼두거나 보이지 않는 장소에 두는 것으로 환경을 통제하는 것이 효과적입니다.

어쩔 수 없이 공부에 스마트폰을 활용해야 한다면 공부에 도움이 되지 않는 애플리케이션은 모두 삭제하고 공부하는 시간에는 애플리케이션이 활성화되지 않도록 설정하는 것도 좋은 방법입니다. 마음이 흔들리는 기회조차 생기지 않도록 애초에 공부에 방해되는 요소를 차단합니다.

텍사스 대학교 오스틴 캠퍼스 연구팀은 스마트폰의 위치에 따른 성적 차이를 분석하였습니다. 연구 결과에 따르면 전원을 꺼둔 상태에서 스마트폰을 별도의 장소에 놓아둔 그룹, 주머니나 가방 등 몸에 소지한 그룹, 책상 위에 놓아둔 그룹 순으로 학업 성취도에서 높은 성적을 기록했다고 합니다.

스마트폰의 중독에서 벗어나기 위해 환경을 통제하고 스마트폰과의 거리를 멀리 두는 것이 가정학습을 계획대로 수행할 수 있는 비결입니다. 스마트폰의 전원을 꺼둔 상태라고 할지라도 몸에 소지하고 있거나 눈에 띄는 장소에 놓아두는 것은 바람직하지 않습니다. 스마트폰은 모르는 내용을 검색하거나 동영상 강의를 시청하는 등의 꼭 필요한 때만 스마트하게 사용하시길 바랍니다.

집중력 획득하기

상황에 따라
음악의 힘을 이용하자

　간혹 학교 선생님들은 자율학습 시간에 음악을 듣고 있는 학생의 이어폰을 압수하기도 합니다. 이어폰을 귀에 꽂고 음악을 듣고 있으면 공부에 집중하지 않는 것처럼 보이기 때문입니다. 하지만 음악을 들으면 공부의 지루함을 조금이나마 덜 수 있고 시끄러운 소음을 차단해 줍니다. 빠른 음악의 리듬에 맞춰 수학 문제가 술술 풀리는 경험을 하기도 합니다.

　음악을 들으며 공부하는 것은 음악을 사용하는 방법에 따라 약이 될 수도, 독이 될 수도 있습니다. 기본적으로 음악을 들으며 공부를 하는 것은 두 가지 일을 동시에 하는 멀티태스킹에 속합니다. 멀티태스킹이 우리에게 미치는 영향이 무엇인지 먼저 알면 상황에 맞게 음악을 활용할 수 있게 됩니다.

우리의 뇌는 공부할 때 듣는 음악을 멀티태스킹으로 인지합니다

복잡한 일들이 동시에 일어나며 빠르게 처리해야 하는 미래 사회에서는 멀티태스킹 능력이 필수입니다. 사람들은 내비게이션을 보면서 운전을 하고 동시에 음악을 들으며 따라 부르기도 합니다. 혹은 전화 통화를 하면서 필요한 정보를 검색하거나 SNS를 확인하기도 합니다. 우리는 멀티태스킹을 통해 많은 일들을 효율적으로 처리하고 있습니다.

하지만 멀티태스킹의 경우에 한 가지 일에만 집중한 것이 아니므로 더 많은 실수를 저지를 수도 있습니다. 독일의 빈데무트 교수는 멀티태스킹을 하는 사람은 어떤 일을 할 때 더 많은 시간을 쓰고도 실수를 더 자주 하기 때문에 오히려 피곤함을 느낀다고 합니다. 운전 중 스마트폰을 사용하면 주의력이 떨어져 교통사고 위험이 4배 높아집니다. 전화 통화 중 통화 내용과 관련 없는 것을 검색하면 상대방의 이야기에 집중하지 못하기도 합니다.

MIT 뇌신경과학자인 언 밀러에 의하면 멀티태스킹은 동시에 여러 가지의 일을 하는 것이 아니라 사실은 빠른 속도로 작업을 바꿔 가며 일하는 것입니다. 즉 멀티태스킹은 두 가지 이상의 일 모두에 집중하지 못하고 짧게 번갈아 가며 처리하는 것이므로, 한 가지 일을 처리하고 다음 일에 전념하는 것보나 집중력이 떨어지고 피곤함도 쌓일 수밖에 없습니다.

영국 서섹스 대학교의 켑 키 로, 료타 카나이 교수는 멀티태스킹을 할 때 뇌 앞쪽의 전방대상피질 크기가 줄어든다는 사실을 확인했습니다. 전방대상피질은 인간의 집중과 주의를 통제하며 감정 조절과 관련이 있는 부분입니다. 이곳의 크기가 줄어든다면 주의력 결핍과 우울증을 겪을 수 있다고 합니다.

공부와 음악 청취를 오가는 동안
우리 뇌는 점점 피곤해집니다

멀티태스킹은 수행하고 있는 두 가지 이상의 일에 대한 집중력을 떨어뜨리고 피곤함을 일으키는 행동임이 연구를 통해 밝혀졌습니다. 그럼에도 불구하고 많은 사람들이 멀티태스킹을 계속하는 이유가 무엇일까요?

유타 대학교의 데이비드 스트레이어 교수와 데이비드 산본마츠 교수의 연구에 따르면 사람들이 더 강한 자극을 원하기 때문이라고 합니다. 한 가지 일만 계속하다 보면 지루함이 쌓이기 때문에 동시에 다른 일을 하면서 계속해서 새로운 자극을 찾습니다.

그런데 멀티태스킹 행동이 지속되면 두 가지 일에서도 만족감을 느끼지 못하며 시간이 갈수록 더 강한 자극을 찾게 됩니다. 지금 하고 있는 일에 대한 집중력이 떨어지고 새로운 일을 찾으려는 충동이 생깁니다. 결국 실수가 늘어나고 한 가지 일조차 제대로 해내지 못합니다. 사람들은 실제 자신의 능력보다 자신이 멀티태스킹을 더 잘한다고 믿는 경향이 강합니다. 음악을 들으면서도 공부에 집중하고 있다고 착각하지만 실제로는 공부에 집중하지 못하는 경우가 더 많습니다.

장시간 공부하면서 자연스럽게 발생하는 지루함 때문에 이따금 듣던 음악도 마찬가지입니다. 간단한 멀티태스킹이지만 더 강한 자극을 찾게 되어 어느 순간부터는 음악 없이는 공부할 수 없는 수준에 이르게 됩니다. 빈도뿐만 아니라 강도도 달라집니다. 잔잔하던 음악에서 점차 박자가 빠르고 신나는 음악을 들으며 강한 자극을 원하게 됩니다.

공부를 하면서 음악을 듣는 것은 공부와 음악을 동시에 즐기는 것이 아닙니다. 여러분의 뇌가 짧은 시간 동안 공부와 음악에 번갈아 가며 집중하는 것입니다. 멀티태스킹을 수행하고 있다고 생각하지만, 실제로는 공부도 제대로 할 수 없고 음악도 충분히 즐기기 어렵습니다. 짧은 시간 동안 뇌가 작업을 바꾸어가며 일을 수행하다 보면 한 가지 일을 할 때보다 더 많은 피로를 느낍니다. 피로가 쌓이면 평소 공부할 수 있는 공부량보다 더 적은 양을 공부하거나 기억에 남지 않는 공부를 하게 됩니다.

뇌를 각성시키는 음악 감상은
도움이 됩니다

이에 반해 앞서 소개했던 '여키스-도슨 곡선' 이론은 음악이 공부에 방해된다는 이론에 반론을 제기합니다. 심리학자인 로버트 여키스와 존 도슨은 적절한 긴장감과 각성 수준을 유지할 때 일의 효율이 올라간다고 하였습니다. 따라서 공부가 지루하게 느껴질 때 뇌를 각성 상태로 유지할 음악이 더해지면 공부를 계속하는 데 도움이 됩니다. 졸리고 딴생각이 나서 집중력이 떨어질 때 음악을 들으면 긴장감이 생기고 졸음을 쫓아버릴 수 있기 때문입니다.

앞서 말했듯이 음악을 들으며 공부하는 것은 뇌가 멀티태스킹을 하는 것으로 인식하기 때문에 집중력을 떨어뜨리고 피로도를 높입니다. 따라서 중요한 개념을 이해해야 하거나 난도가 높은 문제를 풀 때는 음악을 듣지 않는 편이 좋습니다.

또한 음악을 들으며 공부하는 습관이 생기면 음악 없이는 공부할 수 없거나 더 자극적인 음악만 찾게 될 수도 있습니다. 이렇게 되면 음악을 들을 수 없는 수업 시간에 집중하지 못하는 이상한 현상이 일어납니다.

따라서 공부에 음악이 필요할 때 적절하게 음악을 활용하는 것이 좋습니다. 단순 반복 풀이, 복습, 채점할 때에는 음악을 들으며 공부해보세요. 집중력이 떨어지거나 속도감 있게 공부를 해야 할 때 음악을 적절하게 활용하면 음악은 공부에 지친 여러분에게 활력이 되어 줄 것입니다.

집중력 획득하기

식사와 수면의 질이
집중력을 좌우한다

아침 식사를 의미하는 영어 단어 'Breakfast'는 'Break깨다'와 'Fast단식'가 합쳐진 말로, 밤새 자면서 먹지 않던 공복의 상태를 깬다는 의미입니다. 아침 식사는 오랜 공복을 깨고 영양소를 채우는 중요한 일과입니다. 특히 뇌에 공급되는 혈당이 사고력과 집중력을 높인다는 연구 결과가 알려지면서 아침 식사 습관은 학습 능력의 측면에서 더욱 중요해졌습니다.

아침 식사는 긴 공복 이후에 처음 음식물이 들어가는 시간이니만큼 식사의 질이 중요합니다. 아무거나 먹거나 아무렇게나 먹어서는 안 됩니다. 아침 식사를 거르지 않기로 했다면 식사의 질도 고려하며 균형 잡힌 영양을 섭취하는 것이 중요합니다.

뇌의 잠재력을 깨우는
건강한 식단

KBS 다큐멘터리 〈생로병사의 비밀〉은 사람들이 어떻게 뇌를 활용하는지에 대해 분석했습니다. 인간의 뇌는 살아가면서 꾸준히 구조와 기능이 변화하기 때문에 지속적인 훈련을 통해 뇌의 잠재력을 깨우고 개발할 수 있습니다.

뇌의 잠재력을 높이기 위한 방법 중에서도 음식 섭취를 잘하는 것은 특히 더 중요하다고 합니다. 간단히 말해 나쁜 음식을 먹으면 나쁜 몸, 나쁜 뇌가 된다는 'Junk In, Junk Out'의 원리입니다. 뇌의 잠재력을 높이기 위한 식재료는 블루베리, 블랙베리, 마늘, 딸기, 시금치, 브로콜리 등의 색이 진한 채소와 과일입니다. 이들은 활성 산소의 흡수력을 높이는 식품들입니다.

또한 규칙적으로 식사를 하는 습관도 중요합니다. 학교에 등교를 하거나 온라인 수업을 시작하기 전에, 정해진 시간에 아침 식사를 하는 습관을 만드세요. 오후 늦게까지 공부를 하거나 학원에 가야 할 때도 시간을 내어 정해진 시간에 저녁 식사를 해 보세요.

온라인 수업이 활성화되면서 생활이 불규칙해졌지만 식사만큼은 거르지 않아야 합니다. 올바른 식사 습관을 형성하여 뇌에 충분한 영양을 공급하고 무한한 잠재력을 깨워봅시다.

충분한 숙면이
하루의 기분을 바꿉니다

학교 수업과 온라인 수업을 병행하다 보면 생활 리듬이 깨지기도 합니다. 어렵게 아침 식사 습관을 만들었지만, 전날 늦게까지 공부하다 잠이 들었다면 충분한 수면을 취하지 못해 아침밥을 먹고 싶지 않겠지요.

제대로 숙면을 취하지 못한 피로한 상태에서 아침 식사를 하게 되면 피로한 상태에서 음식물이 제대로 소화가 되지 않아 체하거나 하루 종일 더부룩함을 느끼기도 합니다. 아침 식사의 효과는 수면의 질이 좌우합니다.

불면증에 시달리는 현대인이 늘어난 만큼 질 높은 숙면의 중요성은 더욱 강조되고 있습니다. 분명 충분한 시간만큼 잠을 잤는데도 피로하다면 자신의 수면 습관을 개선해야 합니다. 어떻게 하면 하루 동안 쌓인 피로를 잠을 통해 모두 날려버릴 수 있을까요?

뇌를 활성화 시키는
숙면의 힘

미국 매사추세츠 대학교 연구팀이 MIT 학생 100명을 대상으로 진행한 연구 결과에 따르면 평균 수면 시간이 7시간 미만인 학생들은 7시간 이상 자는 학생보다 시험 점수가 50퍼센트 낮았습니다. 그리고 새벽 2시 이후에 잠든 학생은 7시간 이상 잠을 자더라도, 수면 시간이 7시간 미만인 학생들보다 좋지 않은 시험 점수를 받았습니다.

절대적인 수면 시간뿐만 아니라 잠자리에 드는 시간과 수면 패턴도 학업 성취도에 영향을 미치는 요인입니다. 질 높은 수면을 취한 학생들은 집중력이 높아지고 좋은 성적을 내는데 유리합니다. 그렇다면 수면의 질을 높이기 위해서는 어떻게 해야 할까요?

먼저 적정 수면 시간을 보장해야 합니다. 전문가들은 학생들이 최소 6시간은 잠을 자야 한다고 말합니다. 뇌가 충분히 휴식하고 기억을 분리하는데 6시간이 소요되기 때문입니다. 잠자는 시간이 아깝다고 잠을 아껴가며 늦게까지 공부하는 것은 그다지 바람직한 방법이 아닙니다. 적정한 시간 동안 깊은 수면을 취한 뒤에 깨어 있는 시간에 집중하여 공부하는 것이 필요합니다.

잠자리에 드는 시간과 일어나는 시간을 일정하게 지키는 것도 중요합니다. 학기 중에는 등교를 하기 때문에 규칙적인 생활이 가능하지만, 온라인 수업을 할 때나 방학 기간에는 생활 리듬이 깨지는 경우가 많습니다. 스스로 계획에 따라 하루를 보내야 하기 때문에 적정한 수면 시간을 지키는 것이 무척 중요합니다. 들쑥날쑥한 취침 시간과 기상 시간은 수면의 질을 떨어뜨릴 수 있기에 수면 시간을 정했다면 그 규칙을 꼭 따르도록 합니다.

늦게까지 공부를 하느라 혹은 유튜브 영상을 보느라 잠을 미루면 안 됩니다. 밤 11시에 잠들어 다음 날 아침 6시에 일어나는 사람과 새벽 3시에 잠들어 다음 날 아침 10시에 일어나는 사람은 같은 7시간 동안 수면을 취했어도 피로도에서 차이가 납니다. 앞서 연구에서 밝혀냈듯이 새벽 2시 이후에 잠자리에 드는 행동은 삼가야 합니다.

정해진 수면 시간을 지키기 위해서는 잠자리에 들기 전에 뇌를 자극하는 행동을 자제하는 것이 좋습니다. 휴대전화를 멀리하고, 집중력이 필요한 공부보다는 가벼운 독서가 좋습니다. 잠자리에 들기 전에 카페인이 없는 따뜻한 차를 마시거나 낮에 걷는 30분의 산책이 숙면에 도움이 된다는 사실을 기억하세요.

몸과 마음이 수리되는 시간, 15분의 쪽잠

올바른 식사 습관과 수면 습관을 만들었어도 공부를 시작하려면 이상하게 잠이 쏟아집니다. 잠을 이기기 위해 세수를 하고 스트레칭을 하기도 하며 허벅지를 꼬집어봐도 잠은 쉽게 달아나지 않습니다. 수면 시간이 부족해 잠이 오는 경우도 있지만, 공부를 하기 위해 집중력을 발휘하다 보면 금세 피곤해져서 잠이 오기도 합니다.

서울대학교 교육연구소가 발표한 연구에 따르면 연령별 집중 가능 시간은 초등학교 저학년이 15~20분, 고학년이 30분 이상입니다. 중학생과 고등학생은 50분 정도입니다. 각 학교의 수업 시간은 연령별 집중 가능 시간을 고려해 결정한 것입니다.

가정학습을 할 때에도 자신에게 맞는 학습 시간을 고려해 집중 시간을 결정할 필요가 있습니다. 집중 시간을 마치면 잠시 휴식하는 것이 중요합니다. 그런데 만약 공부를 하다가 잠이 온다면 학습 시간을 다시 고려할 필요가 있습니다. 졸린 상태에서 공부를 계속한다면 집중을 하지 못해 공부량을 제대로 달성할 수 없으므로 학습 효율이 떨어집니다.

견디기 힘들 만큼 잠이 온다면 차라리 한숨 자고 일어나는 편이 좋습니다. 짧은 틈을 이용해 잠을 청하는 쪽잠은 몸과 마음을 상쾌하게 만들어 다시 공부에 집중하는 계기가 됩니다. 쪽잠은 15분을 넘기지 않는 것이 중요합니다.

사람은 잠이 들면 부교감신경이 활성화되면서 긴장되어 있던 몸과 마음이 점차 이완됩니다. 잠이 들고 1~2분 동안에는 1단계, 10~20분에는 2단계의 수면 상태에 머무르게 됩니다. 2단계의 수면 상태가 지난 후에 잠에서 깨면 머리가 맑아지고 공부 효율이 높아집니다. 따라서 졸음을 깨기 위해 피곤함을 버티는 것보다 잠깐이라도 수면을 취하여 문제를 해결하는 편이 좋습니다. 15분 쪽잠으로 피곤함을 떨쳐버리고 새로운 마음과 상쾌한 정신으로 공부를 시작합시다.

집중력 획득하기

필통에 필요한 필기구는 단 4가지

　우리 주변에는 꼭 필요하지 않은 물건들이 많습니다. 필요하지 않다면 버려야 하는데, 차마 버리지 못하는 것은 죄책감 때문이라고 합니다. 돈을 낭비하는 것 같아서, 누군가가 선물한 것이라서, 추억이 있는 물건이라서 버리면 죄책감이 들 것 같습니다. 버리지 못하고 정리하지 못하는 물건들 때문에 받는 스트레스를 해결하고자 미니멀리즘을 추구하는 사람들이 늘고 있습니다.

　미니멀리즘은 더 이상 필요하지 않은 물건을 정리하고 꼭 필요한 것만 소유하겠다는 생각입니다. 필요 없는 것들은 과감하게 정리하고 삶에서 정말 중요한 것에만 집중하는 새로운 라이프스타일입니다. 단순한 생활 방식을 유지하고 이를 통해 마음과 생각을 정리하면 삶이 풍요로워집니다.

내셔널지오그래픽의 조사에 따르면 한 사람이 하루 동안 결정을 해야 하는 횟수는 평균 150회라고 합니다. 알람 소리를 듣고 바로 일어나야 할지 혹은 계속 잠을 청할지, 아침은 밥을 먹을지 혹은 빵을 먹을지, 귀갓길에 버스를 탈지 혹은 지하철을 탈지와 같이 일상은 선택의 연속입니다. 현대 사회는 너무 복잡하며 사람들은 수많은 선택에 직면하여 피로를 느끼고 있습니다. 미니멀리즘이 주목받는 이유는 복잡함을 떠나 단순한 생활로 돌아가는 것을 원하기 때문입니다.

선택이 주는 피로감을 최소로 줄이세요

미국의 심리학자 배리 슈워츠는 저서『선택의 심리학』에서 선택을 해야 하는 상황에서 너무 많은 선택지가 주어지면, 선택지가 적을 때보다 오히려 결정을 내리기 힘들다고 말합니다. 선택지가 많을수록 판단력이 흐려지면서 잘못된 결정을 하거나 선택을 포기하는 상황까지 생길 수 있습니다.

이와 같은 현상을 설명하기 위해 스탠퍼드 대학교의 마크 레퍼 심리학 교수와 콜롬비아 대학교의 쉬나 아이엔가 경영학 교수는 선택의 가짓수와 관련한 실험을 진행했습니다. 연구팀은 슈퍼마켓에 6가지 잼과 24가지 잼을 시식할 수 있는 부스를 각각 설치하고 소비자들의 반응을 살폈습니다. 실험 결과 6가지 잼이 있던 부스에서는 30퍼센트의 고객이 잼을 구매했습니다. 반면 24가지 잼이 있던 부스에서는 고작 3퍼센트의 고객이 잼을 구매했습니다.

실험의 방법을 변경하여 6가지 초콜릿과 30가지 초콜릿이 놓인 각각의 부스에서 초콜릿 맛을 평가하게 하였더니, 6가지 초콜릿이 있던 부스는 10점 만점에서 평균 6.25점을 획득하였고, 다른 부스는 평균 5.50점의 점수를 획득하였습니다. 상대적으로 소비자에게 적은 수의 선택지를 제시한 부스에서 판매량이 높았으며 사람들의 평가도 긍정적이었습니다. 너무 많은 선택지는 소비자의 선택을 오히려 방해하는 요인이 되었습니다.

애플의 공동 창립자인 스티브 잡스는 매일 같은 검은 티셔츠와 청바지를 입는 것으로 선택의 수를 줄였습니다. 미국 전 대통령 버락 오바마 역시 결정해야 할 것들이 너무 많아, 입는 것과 먹는 것에서는 그 선택을 줄이고 싶다고 인터뷰했습니다. 여러분의 하루도 선택의 연속입니다. 같은 교복을 입고, 같은 가방을 메고, 같은 책상과 의자에서 공부하는 여러분은 정작 선택할 일이 많지 않다고 생각할 수도 있습니다. 하지만 여러분은 오늘은 어떤 공부를 먼저 시작할지, 이 시간을 어떻게 활용할지, 어떤 장소에서 공부할지 등의 선택으로 하루를 채워 나갑니다. 매번의 선택을 어떻게 하느냐에 따라 하루, 한 달, 1년의 결과가 달라지는 것이죠.

자신에게 어떤 일이 불필요한 선택인지를 정확히 알고, 그것에 들이는 시간과 노력을 더 중요한 곳에 쏟으면 여러분은 선택이 주는 피곤함에서 해방될 수 있습니다.

필통에는 필요한 필기구만
엄선하여 남기세요

우리가 의식하지 못하지만 선택이 숱하게 이루어지는 것이 바로 필통입니다. 필통을 한번 열어 필기구를 모두 꺼내 쭉 펼쳐보세요. 필기구는 모두 여러분의 선택으로 채워진 것입니다. 꼭 필요한 것들로만 채워져 있나요? 존재조차 모르던 필기구가 자리를 차지하고 있지는 않나요?

선택의 상황을 줄이는 것은 올바른 선택을 돕는 행동입니다. 올바른 선택은 효율을 높이죠. 가정학습의 효율을 올리기 위해서도 선택지를 줄여야 합니다. 필기구 정리는 공부에 집중하기 위한 첫 번째 정리 단계입니다.

검정, 파랑, 빨강의 삼색 펜과 노란색 형광펜 한 자루씩만 두어도 충분합니다. 언젠가 쓸 것 같다면 버리는 것이 아니라 필통에서만 빼내도록 합니다. 서랍에 보관해 두었다가 기능을 다 한 필기구가 생겼을 때 교체합니다. 3개월마다 필통을 정리하면 엄선된 필기구만 남길 수 있습니다.

불필요한 필기구를 덜어내면 필요한 것을 찾느라 허비하는 시간을 아낄 수 있습니다. 공부를 시작하기도 전에 어떤 필기구를 사용할지 고민하는 시간을 줄인다면 가정학습의 효율은 더욱 올라갈 것입니다.

선생님이 추천하는 필수 필기구
이건 꼭 구비하세요

좋은 필기구를 쓴다고 해서 좋은 성적을 받고, 좋은 대학에 가는 것은 물론 아닙니다. 하지만 공부에 도움이 되는 필기구를 사용하면 공부에 더욱 집중할 수 있고 공부의 효율을 높일 수 있습니다. 그렇기에 나에게 맞는 필기구를 선택해야 합니다. 다년간 학생들을 관찰하고 가르쳐온 선생님들은 과연 어떤 필기구를 추천하실까요?

연필 혹은 샤프

연필과 샤프는 같은 역할을 하는 필기구입니다만, 공부량이 많아질수록 관리하기 편한 샤프를 쓰는 것이 바람직합니다. 집중력을 발휘하여 수학 문제를 풀고 있는데 연필심이 닳아 문제 푸는 것을 멈추고 연필을 깎을 수는 없는 노릇입니다. 그렇게 때문에 손이 자주 가는 연필 대신 샤프를 사용하는 것을 추천합니다. 샤프는 적당한 무게에, 필기감이 부드러운 것이 좋습니다.

샤프심의 굵기는 0.1mm~1.3mm로 그 종류가 다양합니다. 샤프심의 진하기 또한 다양하기 때문에 자신에게 적합한 샤프심을 선택하는 것이 중요합니다. 너무 굵기가 가늘면 부러지기 쉽고, 굵으면 섬세하거나 작은 글씨를 쓰기에 불편할 수 있습니다. 또한 너무 색이 옅으면 선명도가 떨어지고, 너무 진하면 번질 수 있기 때문에 0.5mm~0.7mm의 굵기와 HB 정도의 진하기가 적당합니다.

펜

군이 형형색색의 펜을 종류별로 가지고 있을 필요는 없습니다. 정말 필요한 몇 가지 색상의 펜만 가지고 있으면 됩니다. 가장 기본적인 색상은 검정색, 파란색, 빨간색의 단색 펜입니다. 여러 가지 색이 한 개의 펜으로 구성된 것도 좋지만, 무게감이 있어서 장시간 공부하면 손목 건강에 좋지 않습니다. 또한 독서실과 같이 조용한 공간에서는 색상을 바꿀 때 발생하는 소음으로 다른 사람에게 방해가 될 수 있으니 각각의 색상은 분리된 펜으로 구비하는 것이 좋습니다. 펜은 번지지 않고 부드럽게 필기할 수 있는 것이 좋습니다. 심의 굵기는 0.5mm를 추천합니다.

형광펜

필기 좀 한다는 친구들은 교과서의 중요 내용이나 키워드를 형광펜으로 화려하게 칠합니다. 형광펜으로 강조하는 것은 교과서를 여러 번 읽을 때 도움이 됩니다. 강조할 부분에는 채도가 높고 형광기가 강한 형광펜이 좋고, 재독이나 복습을 할 때는 눈의 피로도를 줄여주는 파스텔톤 형광펜을 사용하는 것이 좋습니다. 교과서를 처음 그대로의 상태로 깨끗하게 유지하는 학생들이 의외로 많습니다. 교과서를 깨끗하게 두는 것보다는 형광펜을 사용해 강조할 부분을 마킹하여 중요한 부분에 할애하는 시간을 늘리는 편이 좋습니다.

지우개 혹은 수정테이프

지울 때 힘이 많이 들어가는 지우개는 좋지 않습니다. 잘 지워지지 않는 지우개를 두께가 얇은 종이에 사용하면 힘을 주다가 종이가 찢어질 수도 있습니다. 지우개 가루가 너무 많이 생기거나 뭉쳐지지 않고 흩날리는 지우개도 좋은 제품이라고 할 수 없습니다.

학년이 올라가면 연필이나 샤프보다는 펜을 사용하는 경우가 많습니다. 펜으로 필기한 내용을 지우는 제품으로 수정테이프와 수정액이 있습니다. 수정액은 말리는 시간이 필요하기 때문에 추천하지 않으며, 수정 후 바로 필기할 수 있는 수정테이프를 사용합니다. 환경을 생각하는 여러분이라면 리필이 가능한 제품을 추천합니다.

스톱워치와 자

필수 필기구 외에도 함께 넣어두면 좋은 것들이 있습니다. 그중 하나는 스톱워치로, 필통에 알맞은 크기가 좋습니다. 항상 소지하는 필통에 스톱워치를 넣어두면 언제 어디서든 시간을 효율적으로 사용할 수 있습니다. 또한 자를 소지하면 의외로 활용도가 높습니다. 수업 시간에 자를 활용해 표를 그리면 깔끔한 필기를 할 수 있습니다.

포기하지
않고
공부하는
비법

난 머리가 특별히 좋지 않다.
단지 호기심이 많았을 뿐이다.
어려운 문제에 부딪힌 적도 있었지만
다행히 신은 나에게 민감한 코와
노새 같은 끈기를 주셨다.

알베르트 아인슈타인

믿음과 잠재력

매일 '오늘의 나'를
칭찬하자

　미국 서던캘리포니아 대학교의 언어학자 스티븐 크라센 교수는 외국어 습득 이론을 정립한 학자로 유명합니다. 그에 따르면 학습자가 언어를 습득할 때 효과적으로 학습하기 위해서는 그 언어로 이루어진 정보가 쉽고 명확해야 한다고 말합니다. 즉 외국어를 습득하는 가장 좋은 방법은 학습자가 이해 가능한 수준의 읽기와 듣기를 지속적으로 반복하는 것입니다. 하지만 학습자가 이해하지 못하는 수준의 정보는 반복한다고 해서 학습이 일어나지 않습니다.

　이것은 외국어 습득에만 적용되는 것이 아닙니다. 공부도 마찬가지입니다. 이해가 쉽고 명확한 내용을 반복 학습했을 때 공부의 효과가 상승합니다. 친구들이 심화 문제집을 풀기 시작했다고 해서 여러분의 수준보다 높은 난도의 문제집을 반드시 풀어야 할 필요는 없습니다. 난도 높은 문제를 해결하지 못한다거나 기본 개념을 이해하기 어렵다면 개념 설명이 충실한 참고서나 문제집부터 공부하세요.

쉬운 문제는 어려운 문제로 나아가는 발판이 됩니다

양금택목良禽擇木이란 '똑똑한 새는 좋은 나무를 고른다.'라는 의미의 사자성어입니다. 똑똑한 학습자는 자신의 수준에 맞는 교재를 선택하고 스스로 풀 수 있는 문제부터 해결합니다. 자신 없는 과목의 문제집이라고 문제를 풀어보기도 전에 해설을 보는 것은 좋은 방법이 아닙니다. 문제가 어렵다면 혹은 자신이 없는 과목이라면 여러분이 해결할 수 있는 기본 문제부터 풀어보세요. 쉬운 문제부터 해결해 나가면서 자신감을 가지면 점점 어려운 문제에도 도전할 수 있습니다.

먼저 교과서의 핵심 개념을 정확히 숙지합니다. 그런 다음 공부한 개념을 어디에 어떻게 적용할 수 있을지 고려하여 문제의 난도를 설정해야 합니다. 문제의 난도는 쉬운 문제부터 개념을 적용하여 풀어나가면 됩니다. 개념을 제대로 숙지하였고 쉬운 문제부터 도전했지만, 문제가 쉽게 풀리지 않을 수도 있습니다. 그럴 때에는 다시 개념 공부로 돌아가는 것보다 개념과 직접적으로 연관된 기초적인 문제부터 풀어봅니다.

쉬운 문제도 어려워서 책을 바로 덮고 싶을 때에는 딱 10분만 도전해보세요. 10분의 도전이 지나면 다시 10분간 공부해보세요. 이렇게 여섯 번을 도전하면 어느덧 한 시간이 됩니다. 한계에 도전하며 성장한다는 마음으로 조금씩 도전하면 어느새 한걸음 더 성장해 있는 자신을 발견하게 됩니다.

가슴과 어깨를 펴고
파워 포즈를 해보세요

자기계발서 『서동주의 합격 공부법』의 저자 서동주는 영어 한마디 못하던 중학생 시절에 미국으로 유학을 떠나, 미국 변호사가 되기까지 고군분투한 스토리를 이 책에 담았습니다. 저자는 여러 번 시험에 떨어졌지만 목표를 이루기 위해 노력한 자신에게 칭찬을 아끼지 않았다고 합니다. "잘하고 있어. 계획한 대로 공부하고 있다는 것만으로도 장한 일이야. 지금 와서 포기하지 말자."라며 늘 자신을 다독이며 칭찬했습니다. 시험을 망쳤을 때는 "실망하지 말자. 최선을 다했으니 그걸로 만족하자. 마음을 추스르고 다시 도전하면 되는 거야."라는 말로 자신을 위로했습니다.

하루를 시작할 때 거울을 들여다보세요. 거울에 비친 내 모습을 바라보며 방긋 웃어줍니다. 자신감 있는 표정을 지어 보세요. 자신감이 생긴다는 일명 '파워 포즈'는 특별한 것이 없습니다. 허리를 세우고 가슴과 어깨를 당당하게 펴는 자세입니다. 양발을 어깨 너비만큼 벌리고 양손을 허리에 올려 원더우먼 자세도 해보고, 양팔을 머리 위로 올려 만세를 하세요. 이불을 박차고 나온 자신에게 대견하다고 말해주세요. 오늘도 열심히 공부할 자신에게 따뜻한 칭찬을 건네며 하루를 시작합니다.

하루를 마무리할 때도 마찬가지입니다. 잠들기 전에도 거울을 바라봅니다. 온전하게 하루를 보낸 자신에게 수고했다고 말해주세요. 실망스러운 날에도 괜찮다고 위로하며, 어제보다 한 걸음 더 나아갔다고 격려해주세요.

삶을 긍정적으로 바꾸는
10분의 기적, 칭찬 일기

발레리나 강수진은 '나의 유일한 경쟁자는 어제의 나'라고 말했습니다. 여러분의 라이벌은 다른 사람이 아닙니다. 바로 어제를 살아온 여러분 자신입니다. '어제의 나'보다 한 걸음 나아간 '오늘의 나'와 대화하며 자기 암시를 하는 것은 '내일의 더 나은 나'를 만나는 지름길입니다. 결과가 흡족하지 않더라도 노력하는 자신의 모습에 진심 어린 칭찬을 많이 해주세요.

하루 일과를 정리하면서 스스로와 대화하고 셀프 칭찬을 하는 칭찬 일기를 쓰는 것도 좋습니다. "수학 시간에 문제가 풀리지 않아서 다 포기하고 싶었는데 포기하지 않고 다시 한 번 도전한 모습

236

을 칭찬해."라며 자신을 칭찬해봅니다. 결과보다는 과정을, 성과보다는 성취감에 초점을 맞춰보세요.

지금 완벽하지 않아도, 최고가 아니어도 괜찮습니다. 최선을 다한 자신의 모습을 바라보고 인정해주세요. 자신과의 작은 약속이 모여 습관이 됩니다. 매일을 열심히 보낸 사람은 지속적으로 성장하고, 성장의 기울기는 점차 높아집니다.

"스스로에 대한 자신감을 잃게 되면, 온 세상이 나의 적이 된다." 미국의 시인 랠프 월드 에머슨의 말입니다. 뿌리를 단단히 내린 나무처럼 자신을 믿고, 셀프 응원을 시작하세요. 언제나 자신과의 약속을 지키려고 노력하세요. 여러분은 지금까지 잘해왔고, 잘하고 있고, 잘해 낼 것입니다. 꿈을 향해 한 걸음씩 다가가는 사람은 자신을 믿는 사람입니다.

믿음과 잠재력

하기 싫은 공부도
하게 만드는 방법

자기계발서『완벽한 공부법』은 몰입의 중요성을 강조합니다. 본인의 일에 몰입하는 사람들은 자아감이 강해지고, 과업 수행을 통해 자기 성장을 느껴 행복감을 느낍니다. 이것이 바로 이 책에서 강조하는 몰입의 위력입니다.

하지만 공부에 몰입하는 것은 참으로 어렵습니다. 지저분한 책상 위를 정리 하고, 메시지에 답장을 하고, 공부하면서 먹을 간식을 접시에 담고 음료까지 준비하다 보면 시간이 금방 지나갑니다. 공부 계획을 세울 때에도 고민이 많습니다. 막상 계획을 촘촘하게 수립했는데, 너무 욕심이 과했던 탓일까요? 과연 이 계획을 다 지킬 수 있을까 하는 생각이 들며 공부 계획에 부담감을 느낍니다.

공부에 몰입하지 못하고 학습 성과가 나타나지 않는 시간이 길어지면 간혹 슬럼프에 빠지기도 합니다. 슬럼프는 자기 실력을 제대로 발휘하지 못하고 저조한 상태가 길어지는 시기를 의미합니다. 반갑지 않은 손님인 슬럼프는 왜 찾아와서 공부 의욕을 떨어뜨릴까요?

슬럼프는 목표와 현실 사이의 좁혀지지 않는 간격에서 비롯됩니다. 목표를 위해 노력하고 공부 계획도 실행했는데 기대와 현실 사이의 거리가 좁혀지지 않거나 예상한 결과에 미치지 못할 때 슬럼프는 어김없이 찾아옵니다.

슬럼프를 겪게 되면 계속 공부해도 좋은 결과가 나오지 않고 그로 인해 자신감이 떨어집니다. 목표와 차이가 벌어지는 느낌에 공부에 집중할 수 없습니다. 슬럼프로 인해 생겨난 부정적인 감정과 상황에서 어떻게 벗어날 수 있을까요?

가장 효과적인 자극제, 합격 수기를 찾아보세요

공부 슬럼프에서 벗어나는 첫 번째 방법은 선배들의 합격 수기를 찾아보는 것입니다. 진학을 희망하는 고등학교나 대학교가 있다면 구글이나 유튜브에서 검색해보세요. 국내의 학교뿐만 아니라 해외의 명문 학교 합격 수기도 쉽게 찾아볼 수 있습니다. 누구나 슬럼프에 빠졌던 시간이 있습니다. 합격 수기를 읽으면 슬럼프

에서 어떻게 스스로를 다독였는지, 자기관리는 어떻게 했는지 알
수 있습니다.

미래의 내가 합격 수기를 적는다고 상상하여 가상의 합격 수기
를 작성해보는 것도 좋습니다. 지금 슬럼프로 좌절하고, 공부 스트
레스를 받는 상황은 미래의 합격 수기에서 단 몇 줄로 요약될 것입
니다.

초심初心, 처음에 먹은 마음

슬럼프를 벗어나는 두 번째 방법은 초심으로 돌아가는 것입니
다. 특정 과목을 공부하는 것에 어려움을 느끼거나 부담이 심하다
면 '과목 이름 + 노베이스'를 검색해보세요. 특정 과목에 주력하는
공부법을 비롯하여 필요한 마음가짐이나 선배들의 시행착오에 대
한 정보를 얻을 수 있습니다. 또한 참고서나 문제집을 추천해주기
도 하니 유익하답니다.

영상을 통해 특정 과목에 대한 공부법 조언을 받았다면 처음으
로 돌아간다는 마음가짐으로 그 과목을 대해야 합니다. 배운 내용
만 가지고 자만하는 것이 아니라, 처음부터 다시 배운다는 생각으
로 공부를 시작합니다. 종종 초심으로 돌아가는 것은 언제든 새로
시작할 수 있다는 자신감을 만드는 원동력이 됩니다.

지나간 시험에 연연하여
일희일비하지 마세요

슬럼프를 벗어나는 세 번째 방법은 시험결과와 자신을 분리하기입니다. 시험결과가 기대만큼 나오지 않으면 공부에 대한 의욕이 사라지고, 동기부여가 되지 않습니다. 이때 '나'를 시험 결과와 동일시 하게 되면 슬럼프에 빠지게 됩니다. '시험결과≠내 모습'이라는 사실을 명심하기 바랍니다.

학교나 학원에서 응시한 이번 시험이 인생의 마지막 시험이 아닙니다. 시험결과에 따라 힘이 빠지고 좌절할 수도 있지만, 그 결과로 자신을 판단해서는 안 됩니다. 시험의 결과는 실력이 날마다 나아지고 있는지 확인하는 척도이며, 이를 통해 공부 과정을 점검하기 위함입니다.

만족할 만한 결과가 아니라고 해서 '공부해봤자 소용없네.' 혹은 '지금부터 해도 늦은 것 같다.'라는 생각에 포기하지 마세요. 목표했던 성적이 나오지 않은 이유가 무엇인지 분석하고 다음 시험에 좋은 결과를 낼 수 있도록 마음을 다잡는 것이 중요합니다.

발전이 없다고 느낄 때는
폭이 넓은 계단에 서 있다고 생각하세요

중학생이 되어 심화된 문제를 맞닥뜨리기 시작하면 '초등학교 때 열심히 할걸.'이라는 생각이 듭니다. 고등학교에 진학해서도 '중학교 때 열심히 할걸.'하고 후회하는 것은 마찬가지입니다. 수업 진도를 따라가기도 힘들고 시험 성적은 원하는 만큼 나오지 않습니다. 친구들은 성적도 좋고 선생님의 질문에도 척척 대답합니다. 다들 앞서 나가는데 나만 그렇지 않은 것 같아 좌절감을 느낍니다.

하지만 지나간 시간을 후회하며 공부 의욕을 잃어서는 안됩니다. 지금이 바로 어떻게 하면 한 발짝 나아갈 수 있을지 고민할 시간입니다. 지금 최선을 다해야 또다시 후회하지 않을 수 있습니다.

공부할 과목과 공부량은 너무 많고, 공부하기 싫을 때도 정말 많습니다. 어제도 오늘도 같은 날이 되풀이되고, 내일도 별다를 것 같지 않습니다. 하지만 분명한 것은 여러분은 계속해서 앞으로 나아가고 있다는 사실입니다.

어제는 분명 외우기 힘들었던 영어 단어 하나가 오늘은 내 머릿속에 들어와 자리를 잡고, 며칠째 풀리지 않아 해설을 보며 끙끙대던 수학 문제는 풀이 과정을 조금씩 이해할 수 있습니다. 아주 느리지만 나는 어제보다 오늘, 분명 나아졌습니다.

꿈을 제작하고 꿈을 판매하는 특별한 공간을 다룬 판타지 소설 『달러구트 꿈 백화점』의 주인공 킥 슬럼버는 공간, 시간, 신체적 결함에 구속되지 않고 수많은 실패에도 포기하지 않아 많은 사람들에게 감동을 선사했습니다. 주인공은 꿈을 완성하기 위해 천 번, 만 번 절벽에서 떨어지는 꿈을 꿔야 했습니다. 하지만 떨어지는 매 순간 시선은 절벽 아래가 아닌 하늘을 향했습니다. 절벽을 딛고 날아오르겠다고 마음먹은 그 순간, 주인공은 독수리가 되어 훨훨 날아오르는 것으로 오랜 꿈을 완성할 수 있었습니다. 주인공은 자신과 마찬가지로 모든 사람들의 인생에 이와 같은 순간이 찾아오길 기원했습니다.

열심히 공부해도 성적이 오르지 않을 때, 공부에 대한 스트레스와 부담감으로 공부가 되지 않을 때는 하루살이처럼 딱 오늘만 생각하세요. 그리고 장기적인 목표, 앞으로 다가올 시험, 공부에 대한 스트레스, 방대한 공부량에 대한 부담감은 잠시 접어두세요. 오늘 스터디 플래너에 약속한 부분만 생각하고 단기적으로 그 분량만 지키도록 노력해보세요. 아무리 노력해도 같은 위치처럼 보이지만 $0°$와 $360°$는 분명히 다르니까요.

믿음과 잠재력

독서를 통해
학습 능력을 증진하자

공부는 독서에서 시작합니다. 학교 공부와 상관없는 책이라도 괜찮습니다. 마음을 두근거리게 하고, 눈을 반짝이게 하는 책을 자유롭게 선택해서 읽어보세요. 독서의 핵심은 지식보다 재미가 우선입니다. 시험을 위한 책 읽기가 아닌 즐거움을 위한 책 읽기를 할 때 비로소 책을 통해 꿈을 키우고 다양한 세상을 만날 수 있습니다. 독서를 마치면 생각이나 느낌을 그림으로 그리거나 메모해 두세요. 책의 내용과 여러분의 일상을 연관 지어보거나, 주인공에게 보내는 편지를 쓰는 것도 좋습니다.

독서를 통해 세상과 만나고 다양한 해답을 찾아보세요. 당장 문제집에 있는 문제를 푸는 것보다 책을 통해 삶의 문제를 풀어내는 과정이 너무 유익합니다. 책은 나에게 다양한 생각과 사람들을 만나는 창구가 되어 줍니다.

독서가 학습에 미치는 긍정적 효과

독서를 꾸준히 하면 이해력, 어휘력, 사고력, 문제해결능력, 표현력 등을 기를 수 있습니다.

평소에 책을 많이 읽으면 텍스트를 읽을 때 핵심을 파악하고 이해하는 능력이 생깁니다. 또한 글의 맥락을 이해하면서 새롭게 접하는 어휘도 자연스럽게 익히게 됩니다. 주술사의 마법으로 영혼이 스마트폰에 꽁꽁 갇히게 되는 동화 『휴대폰에서 나를 구해줘』를 읽으면, '주술', '조공', '미신'이라는 생소한 어휘를 동화의 맥락 속에서 이해할 수 있습니다. 책을 통해 알게 된 단어는 자연스럽게 자신의 것이 되고, 다른 텍스트에서 마주쳤을 때 바로 의미를 이해하고 해석할 수 있습니다.

운동을 하면 몸의 근육이 생기듯 독서를 하면 생각의 근육이 생깁니다. 책을 읽으면 생각하는 근육이 붙어 사고력이 향상됩니다. 생각하는 힘은 문제해결능력의 토대가 됩니다. 문제를 직면했을 때 사고력이 뛰어난 사람들은 스스로 문제를 해결하고 난관을 돌파하지만, 사고력이 낮은 사람들은 해결할 엄두도 내지 못하고 누군가가 해결하기만을 기다립니다.

김형식 교수는 저서 『백년의 독서』에서 녹서의 위대함을 이야기했습니다. 부지런한 독서는 정신적 성장뿐만 아니라 학문적 성장을 돕습니다. 책 읽기는 탄탄한 배경 지식을 토대로 자신만의 생각을 쌓을 수 있는 가장 좋은 방법입니다. 당장 효과가 보이지 않고 공부와 상관없는 일처럼 보이기 때문에 시간이 아깝다고 생각할 수 있지만, 꾸준한 독서는 사고력이 기반이 되는 교과목을 공부하는 데 분명 도움이 됩니다.

미국 시카고 대학교의 총장으로 부임한 로버트 허친스는 1929년에 '시카고 플랜'이라는 계획을 시행했습니다. 이 플랜은 세계의 위대한 고전 100권 읽기를 목표로 하여 학생들의 독서 활동을 증진하고자 수립되었습니다. 이를 통해 시카고 대학교는 세계적인 대학으로 성장할 수 있었습니다.

영국 서섹스 대학교 인지신경 심리학과 데이비드 루이스 박사와 연구팀은 독서, 음악 감상, 산책 등 스트레스를 해소할 수 있는 여러 가지 방법의 효과를 분석했습니다. 그 가운데 독서가 스트레스를 해소하는 가장 좋은 방법이라고 밝혔습니다. 6분간 책을 읽으면 스트레스의 68퍼센트가 감소하며 심박수가 낮아지고 긴장이 완화된다고 합니다. 특히 작가가 만든 상상의 공간을 탐험하며 일상의 근심과 스트레스로부터 벗어날 수 있는 책을 읽을 때 스트레스 완화에 더욱 효과적이라는 설명을 덧붙였습니다. 이처럼 독서는 학습 능력 향상뿐만 아니라 학업으로 인한 스트레스 해소에 도움이 되어 마음의 안정을 주기도 합니다.

책 읽기는 간접체험을 할 수 있는
가장 능동적인 행동이에요

살아가면서 모든 것을 직접 경험하기란 어렵습니다. 하지만 책을 통해서라면 간접적으로 체험해 볼 수 있습니다. 책을 읽다 보면 어느새 내가 가보지 못한 장소에 놓여있게 됩니다.

예를 들어 이금이 소설가의 장편소설『알로하, 나의 엄마들』에는 하와이의 여러 지명이 소개됩니다. 지명을 하와이 지도에 표시하면 주인공의 서사를 따라가 볼 수 있습니다.

호놀룰루에서 기차로 출발하여 카후쿠 농장으로 가고, 알라모아나 해변에 있는 저택에서 일하고, 와하이와에서 세탁소를 운영하고, 다시 코코헤드로 옮겨가는 주인공 버들의 여정을 하와이 지도에 표시해보세요. 하와이 오아후섬의 생소하고 신기한 지명이 마치 그곳에 가본 것처럼 익숙하게 와닿습니다. 100년 전으로 시간을 돌려 책에 나오는 역사적 장소와 배경을 찾으며 독서하면 마치 여러분이 그 시간에 있는 것 같은 체험을 할 수 있습니다.

　책을 읽으면서 새로 알게 된 부분이나 궁금했던 부분을 정리하면 같은 독서를 하더라도 책을 통해 얻는 것이 더 많아집니다. 책은 새로운 체험과 배경 지식을 제공하는 유익한 도구입니다. 독서를 통해 습득한 지식은 또 다른 지식으로 연결되는 고리가 되어 사고력을 확장시키고 깊고 넓은 학습 능력이 만들어줍니다.

　책을 읽는 것만이 독서가 아닙니다. 서점에 방문하여 많은 책 중에 읽고 싶은 책을 직접 찾아보면 자신의 취향을 알게 되고 좋은 책을 선별할 수 있는 능력을 기를 수 있습니다. 매일 책 속으로 여행을 떠나다 보면 언어능력과 사고력이 자라고, 그 능력은 공부를 할 때 든든한 버팀목이 됩니다.

믿음과 잠재력

포기하지 않고
공부를 꾸준히 하는 비법

미국 펜실베니아 대학교의 심리학 교수인 앤절라 더크워스는 저서 『그릿』에서 과연 어떤 사람이 성공하는지와 그 비결은 무엇인지에 대해 연구했습니다. 성공하는 사람들에게 공통적으로 보이는한 가지 특성이 있었습니다. 바로 성공하는 사람들은 뛰어난 IQ, 재능, 환경이 아닌 '열정과 집념이 있는 끈기'를 가지고 있었습니다. 앤절라 더크워스는 이것을 '그릿Grit'이라고 불렀습니다.

그릿이란 목표를 향해 오래 나아갈 수 있는 열정과 끈기, 불굴의의지를 모두 아우르는 개념입니다. 성취하고자 하는 목표를 끝까지 해내는 힘이자, 어려움, 역경, 슬럼프가 있더라도 그 목표를 향해 오랫동안 꾸준히 정진할 수 있는 능력입니다. 그릿은 꿈을 실현하기 위해 오랜 시간을 공늘여 노력하는 것을 말합니다. 마치 마라톤처럼 말이죠.

그릿을 기르기 위해서는 의식적인 연습과 습관화가 필요합니다. 다시 말해 같은 시간과 장소에서 특정 행동을 의식적이고 지속적으로 반복하는 것입니다. 그러다 보면 어느새 행동이 체화되어 무의식적으로 실행할 수 있고 포기하지 않게 만드는 힘이 됩니다. 좀 더 구체적으로 알아볼까요?

자기계발의 정석, 그릿을 키우는 방법

다음은 『그릿』에 소개된 그릿을 키우는 구체적인 방법입니다.

첫 번째는 '나에 대한 탐색'입니다. 자신이 좋아하는 것이 무엇인지, 마음이 향하는 곳이 어디인지 열정의 대상을 찾아야 합니다. 과거, 현재, 미래를 수직선 그래프로 그려서 과거의 자신이 좋아했던 분야, 현재 관심 있는 분야를 적어봅니다. 그리고 미래에 걸어갈 방향을 깊이 탐색합니다.

두 번째는 '의식적인 연습'과 '적절한 피드백'을 반복하는 것입니다. 내셔널 스펠링 비National Spelling Bee는 매년 1,000만 명 이상이 참가하는 영어 철자 말하기 대회입니다. 이 대회에 출전을 앞둔 사람들은 퀴즈를 풀면서 자신이 자주 틀리는 유형을 파악하고 집중적으로 공부합니다. 이 공부 방법을 통해 의식적인 연습(문제 풀기)으로 기술을 향상시키고, 이에 적절한 피드백(자주 틀리는 유형 파악하기)을 더하여 장점을 강화하고 단점을 보완합니다.

세 번째는 '목적의식을 갖는 것'입니다. 이를 위해 지금 자신이 하고 있는 공부가 앞으로 사회에 어떤 도움을 줄 수 있는지 항상 생각해야 합니다. 융합보안공학을 가르치고 있는 성신여자대학교의 박새롬 교수는 학생 지도에서 나아가, 언젠가 인공지능 보안과 프라이버시 기능 향상에 기여할 수 있도록 지속적인 연구를 통해 노력한다고 말합니다. 이처럼 공부할 때 단순히 시험만을 위한 공부가 아니라, 지금 여러분이 하고 있는 공부가 앞으로 어떤 형태로 영향력을 발휘할 수 있을지를 생각해야 합니다.

좋은 습관을 만들고, 넘어져도 일어설 수 있다는 마음가짐을 가지세요

그밖에도 지금 당장 그릿을 키울 수 있는 방법이 있습니다. 그레첸 루빈은 『루틴의 힘』에서 습관의 형성은 인내와 지속성이 관건이라고 하였습니다. 그는 "영감이 찾아오길 마냥 기다리지 마라. 영감을 담을 수 있는 뼈대를 먼저 만들어 둬라."라고 말하며 자발적으로 습관을 형성하는 것의 중요성을 강조했습니다. 여기서 말하는 뼈대란 좋은 습관을 의미합니다. 튼튼하고 건실한 습관이 있다면 영감이라는 기회는 반드시 찾아옵니다.

그렇다면 좋은 습관은 어떤 방법으로 형성할 수 있을까요? 그에 대한 해답은 바로 해빗 트래커Habit Tracker를 기록하는 것입니다. 해빗 트래커는 이름 그대로 습관을 추적하는 것으로, 매일 반복적으로 했을 때 삶에 도움이 되는 행동을 목표로 세우고 매일 그 행동의 여부를 기록하여 습관을 형성하도록 도와줍니다.

스트레칭 하기, 양치하며 영어 단어 외우기, 잠들기 전 학교 가방 준비하기와 같이 사소하지만 습관이 되어 쌓이면 큰 도움이 될 만한 행동을 기록하고 꾸준히 시각화합니다. 이것을 반복하면 변화를 이끌어낼 수 있습니다.

스탠포드 대학교의 캐롤 드웩 박사는 그릿을 길러주는 가장 좋은 방법은 '성장 마인드셋'이라고 강조했습니다. 성장 마인드셋이란 한 번 실패해도 노력에 의해서 바뀔 수 있다는 믿음입니다. 이는 앞으로 나아가기 위한 원동력이 되며 실패한 뒤에도 자신을 다독여주고 다시 일어나 앞으로 나아갈 힘을 줍니다. 실패했을 때 꿋꿋하게 일어설 수 있는 힘이 바로 '회복탄력성'입니다. 회복탄력성이 강한 사람은 실패를 두려워하지 않고 실패 속에서 교훈을 얻으며 교훈을 발판 삼아 다시 도약할 수 있습니다.

이 정도로 내가 변할 수 있을까?
분명 변할 수 있어요

자기계발서『아주 작은 습관의 힘』의 저자 제임스 클리어에 의하면 잠재력은 습관을 통해 밖으로 나옵니다. 내면의 잠재력을 밖으로 표출하지 못 하면 발전할 수 없습니다. 내면에만 머물러 있던 잠재력을 밖으로 끌어내기 위해서 올바른 공부 습관을 형성하는 것이 중요합니다.

매일 아주 조금씩이라도 성장하는 그래프를 그리려면 습관을 만드는 것이 필요합니다. 습관은 지속적인 작은 성공이 모여 형성됩니다. 작은 성취를 계속해서 만들어나가세요. 공부하기 싫을수록 왜 공부를 하고 있는지 공부의 목적의식을 되새기는 것이 중요합니다. 또한 어떤 사람이 되고 싶은지에 대해 자주 고민해 보세요.

나무의 단면을 보면 동심원 모양의 무늬인 나이테가 있습니다. 나무는 여름과 겨울의 온도 차로 인해 계절별로 성장 속도가 다른데, 바로 이 성장 속도의 차이로 인해 나이테가 생깁니다. 나무가 성장할 때 형성층에서 세포분열이 일어나 나무의 줄기가 두꺼워지면서 연한 부분과 진한 부분이 생깁니다.

봄과 여름에는 습하고 따뜻하여 세포분열이 활발하게 일어나므로 세포의 부피 또한 커지면서 밀도가 낮고 두꺼운 영역이 생깁니다. 봄에서 여름에 걸쳐 형성되는 목질의 부분을 '춘재'라고 합니다. 반면 날씨가 쌀쌀해지는 가을부터는 나무의 성장 속도가 급격히 감소하여 세포의 부피가 작아집니다. 그렇게 형성되어 조직이 치밀하고 색이 진한 이 영역을 '추재'라고 합니다.

나무는 이렇게 춘재와 추재가 번갈아 만들어지며 나이테가 됩니다. 나이테는 봄, 여름, 가을, 겨울의 사계, 그리고 맑은 날, 궂은 날, 변덕스러운 날을 겪으며 생성된 것입니다.

나이테가 두껍다면 그 시기에 나무는 물이 많고 좋은 환경에서 급격하게 성장했음을 알 수 있습니다. 니이테의 굵기가 나무가 자라온 환경을 보여주듯, 여러분도 나무처럼 매일 굵기가 다른 나이테를 만들어 가고 있습니다. 공부가 잘 되었던 날과 힘들었던 날이 반복되어 여러분만의 나이테가 만들어집니다.

공부하면서 힘든 시기를 잘 견딘다면 지식의 양이 많이 축적되어 지식의 나이테가 뚜렷해집니다. 반대로 공부를 소홀히 하고 성장을 위한 노력을 하지 않은 채 웅크리고 있다면 나이테는 다시 좁아집니다. 나이테의 변화가 많다는 것은 힘든 시기를 만나고 극복하는 과정을 많이 거쳤다는 것을 의미합니다. 목표를 계획하고 이루었던 과거의 자신을 한번 토닥여줍시다.

배짧은꽃등에는 벌침이 있는 양봉꿀벌과 비슷한 외모를 지니고 있는데, 이는 천적으로부터 몸을 보호하기 위한 일종의 의태擬態입니다. 배짧은꽃등에가 꿀벌의 모습을 의태하듯, 여러분도 따라 하고 싶은 공부 롤모델이 있나요? 공부 롤모델을 흉내 내어 공부 방법을 따라하고, 시험에 대비하면서 언젠가 공부 롤모델처럼 자신의 목표를 이루는 모습을 상상해보세요. 처음에는 흉내 내는 것에서 시작할지라도 그 과정을 통해 열정과 끈기를 기르고 비로소 목표를 이룰 수 있게 됩니다.

254

믿음과 잠재력

우울에 갇히지 말고
딛고 일어나자

제임스 클리어는 고등학교 2학년의 마지막 날에 야구 훈련을 하던 중, 어디선가 날아온 야구 방망이에 맞고 얼굴뼈가 30조각이 나는 사고를 당했습니다. 뇌는 부풀어 오르고, 심정지가 일어나 혼수 상태에 빠졌습니다. 아버지처럼 프로야구 선수가 되는 것이 꿈이었던 그는 사고 이후 기적적으로 일어났고, 좌절하는 대신 매일 1퍼센트의 성장을 목표로 일상의 작은 성공들을 이루어 나갔습니다.

그는 대학에 입학한 이후로 수면 습관, 공부 습관, 근력 훈련 습관 등의 작은 습관들을 꾸준하게 실천했습니다. 노력의 결과로 그는 대학에서 최고의 선수로 선정되었고, ESPN 전미 대학 대표 선수로 선출되었습니다.

제임스 클리어 이러한 경험을 담은 저서『아주 작은 습관의 힘』에서 똑같은 수준의 습관이 있는 사람들은 그 결과 또한 똑같을 수밖에 없다고 말합니다. 하지만 미묘한 차이라도 다른 사람들보다 더 좋은 습관이 있는 사람은 반드시 다른 사람들보다 더 좋은 결과를 만들어 냅니다. 그는 남들보다 더 좋은 습관을 갖기 위해, 나아가 더 나은 결과를 위해 오랜 시간 노력했습니다. 좌절 대신 습관의 실천을 선택한 제임스 클리어는 블로그 월 방문자 수 100만 명, 구독자 수 50만 명의 뉴스레터를 발행하는 파워블로거이자 미국 최고의 자기계발 전문가가 되었습니다.

불안을 잘 다스리는 것도 노하우가 있습니다

공부해도 성적이 오르는 것 같지 않고, 유독 공부가 잘되지 않아 우울하고 불안한 날이 있습니다. 공부한 만큼 성적이 오를지 불안하고 걱정이 될 때는 불안함을 대면할 용기가 필요합니다. 부정적인 마음을 누르거나 회피하지 말고 똑바로 바라보세요.

불안함에 대면하는 가장 좋은 방법은 불안하고 우울한 마음을 노트에 적어보는 것입니다. 불안한 마음을 글로 표현하면 마음에서 떠나지 않던 우울함과 불안함의 실체를 눈으로 볼 수 있습니다. 감정을 글로 표현하려면 어색하지만, 점차 여러분의 현재 고민을 솔직하게 풀어낼 수 있습니다. "공부가 잘되지 않아 불안하다." 혹은 "친구들은 모두 공부가 쉬워 보이고 잘하는 것처럼 보인다."라고 불안감을 글로 표현해보세요. "공부를 해야 하는 것은 아는데 공부를 하기 싫다." 혹은 "공부를 해도 성적이 잘 오르지 않아서 우울하다."라고 우울한 마음을 적어봅니다.

자신의 마음을 솔직하게 표현했다면 이제 그 마음에 대응하고 해결책을 찾을 차례입니다. 노트에 적은 불안하고 우울한 마음을 관찰자의 시각에서 거리를 두고 살펴봅니다. 거리를 둠으로써 부정적 감정에 대해 객관적으로 판단할 수 있습니다. 이 상태에서만 현실적인 해결책을 찾을 수 있습니다.

글로 적어낸 현재 나의 걱정이 성적에서 비롯되었다면 근본적인 해결 방법은 단연 성적을 올리는 것입니다. 단기간에 해결할 수 없는 문제이니 간소하지만 확실한 행동을 실천해야 합니다. 바로 일상의 습관을 단 1퍼센트라도 나에게 플러스가 되도록 조금씩만 바꿔보는 것입니다.

스터디 플래너에 세워둔 계획을 3일 동안 반드시 지키겠다고 다짐해보세요. 딱 3일만 지켜보는 것입니다. 3일 동안 스터디 플래너의 계획을 완수하면 다시 3일 동안 실천하기로 스스로에게 약속합니다. 작은 다짐을 반복하면 어느새 습관이 되고 습관은 변화를 이끌어 냅니다. 계획을 지킬 수 있을지는 오로지 여러분의 선택에 달렸습니다. 조금이라도 자신에게 플러스가 되는 행동을 하겠다는 의지는 어느 누구도 대신 해줄 수 없습니다.

오늘 기분이 좋지 않다고 오늘의 공부를 포기하면 안 됩니다. 그럼에도 불구하고 계획에 따라 실천하세요. 내적 환경과 외적 환경에 상관없이 자신과의 약속을 지키는 것을 우선순위로 선택하면, 그 경험이 누적되어 어떤 상황이 닥쳐도 공부할 수 있는 힘이 되고 자존감과 성취감은 향상될 것입니다.

내면이 견고한 사람은 흔들림이 적습니다

친구가 보낸 메시지 때문에, 날씨가 흐리기 때문에, 다가올 학교 축제로 마음이 설레어서, 공부할 때 사용해야 하는 펜과 공책을 집에 두고 왔기 때문에 오늘도 공부하기 좋은 날이 아닌가요? 자신의 의지와는 상관없는 방해물 때문에 오늘도 핑계와 변명으로 공부하기를 게을리 합니다.

하지만 공부를 방해하는 요인은 외부가 아닌 내부에 있습니다. 완벽한 환경과 조건 속에서만 공부할 수는 없습니다. 공부가 잘되지 않는 날에는, 그런 오늘을 어떻게 보내느냐가 중요합니다. '오늘은 틀렸네, 공부할 수 있는 환경이 아니다.'라고 생각하지 말고, 일단 한 발자국만 움직여 시작해보세요. 마음의 렌즈는 스스로 결정하는 것입니다. 마음의 렌즈에 따라 세상이 다르게 보이듯 여러분이 어떻게 세상을 바라볼 것인가는 스스로 선택하는 것입니다.

tvN 〈알.쓸.신.잡 2〉의 장동선 박사는 갑각류의 성장을 다음과 같이 설명합니다. 게나 새우, 가재와 같은 갑각류는 뼈가 없어 껍데기가 단단한데, 그 단단한 껍데기를 벗고 탈피하는 과정을 통해 성장합니다. 탈피를 마친 갑가류는 말랑말랑해서 아주 약해집니다. 하지만 바로 그 순간이 갑각류가 성장하는 순간입니다. 다시 말해 갑각류가 성장할 수 있는 유일한 순간은 바로 약해져 있는 탈피의 순간이라고 합니다.

가장 약한 순간을 거쳐야만 한 단계 성장할 수 있습니다. 갑각류가 성장을 위해 껍데기를 잠깐 벗어두는 과정은 처절한 고통이 따릅니다. 무거운 껍데기를 벗어 던지고 연약한 몸을 세상에 드러내는 순간은 고통이 따르지만 금세 다시 단단해지면서 한 차례의 성장을 겪습니다.

여러분도 자신을 지켜주는 단단한 껍데기에 싸여 있습니다. 성장을 위해서는 이것을 벗을 용기가 필요합니다. 껍데기를 벗는 순간은 괴롭고 힘들지라도 이 순간이 지나면 조금 더 성장한 자신을 만날 수 있습니다. 목표를 향해 달려온 시간과 노력은 차곡차곡 쌓여 다음 도전을 위한 디딤돌이 됩니다.

지금 좀 못하면 어때?
하고 싶은 게 많으면 또 어때?

한국고용정보원에 따르면 대한민국의 직업의 종류는 지난 8년 동안 5,236개나 증가했습니다(2020년 기준). 과학기술의 발전에 따라 빅데이터 전문가, 블록체인 개발자, 인공지능 엔지니어, 디지털 헤리티지 전문가, 감성 인식기술 전문가, 가상현실 전문가, 드론

축구선수 등 그동안은 들어보지 못했던 새로운 직업이 생겨났습니다. 몇 년 전까지만 하더라도 인공지능, 가상현실, 블록체인은 생소한 분야였지만, 이제는 교육, 의료, 금융 분야 전반에 걸쳐 활용되고 있습니다.

앞으로 변화할 미래에 새로 생겨날 수많은 일을 하게 될 미래형 인재가 바로 여러분입니다. 지금 공부의 목적과 장래희망을 찾지 못하였더라도 앞으로의 경험을 통해 얼마든지 여러분의 마음을 설레게 할 일이 생길 수 있습니다. 그러기 위해서는 하고 싶은 일을 찾고, 스스로 인생을 설계할 수 있는 공부를 해야 합니다.

특별하게 잘하거나 좋아하는 한 가지가 없이 여러 가지에 조금씩 관심이 생길 수 있습니다. 관심 있는 분야가 많다는 것은 미래의 나침반 역할을 해줄 수 있는 잠재력의 씨앗이 많다는 뜻입니다. 그 씨앗을 곳곳에 뿌린 뒤 새싹이 돋고 열매를 맺을 때까지 시간을 들여 노력하면 뚜렷한 길을 찾을 수 있습니다.

아직 하고 싶은 일이나 꿈을 찾지 못했다고 해도 불안해하지 마세요. 안정된 직업이나 직장을 위해 공부하고, 학벌이 성공을 보장하던 시기는 지났습니다. 여러분이 앞으로 살아갈 세상은 계속 변화할 것입니다.

믿음과 잠재력

교육 플랫폼을
글로벌하게 활용하자

온라인 학습이 보편화됨에 따라 얼마든지 자신이 원하는 수업을 들을 수 있게 되었습니다. 교육과 기술을 더한 에드테크EdTech 플랫폼에서 온라인으로 자신의 관심사에 대해 공부하고 지식을 확장할 수 있습니다. 이제 자연어처리NL, 가상현실VR, 증강현실AR, 빅데이터 분석 등을 교육에 도입하여 인공지능이 개개인의 수요에 맞는 프로그램을 찾아주는 맞춤형 서비스 시대가 되었습니다.

이러한 기능이 도입된 다양한 서비스는 온라인을 통해 쉽게 만날 수 있습니다. 관심 분야가 있다면 온라인에 공개된 관련 프로그램을 적극적으로 활용하여 공부에 적용하기를 바랍니다.

외국 명문대학으로
온라인 유학도 가능합니다

새로운 시대에 교육의 무게 중심은 디지털 학습과 온라인 수업으로 빠르게 변화하고 있습니다. 'MIT오픈코스웨어'와 '코세라'는 영어로 진행되는 대학교 수준의 강의입니다. 외국 대학에서 제공하는 수업 관련 콘텐츠는 유익한 내용이 많으므로 적극적으로 활용하면 좋습니다.

수업 내용을 모두 이해하려고 하기보다는 내가 좋아하거나 하고자 하는 분야가 무엇인지 발굴하는 계기로 활용하는 것을 추천합니다. 세계 어디서나 원하는 것이 있다면 누구든 배울 수 있는 울트라러닝 프로그램은 앞으로 자신이 하고 싶은 일을 찾는 데 큰 도움이 됩니다.

새롭게 알게 된 분야가 있다면 어떻게 공부해야 하는지, 이 분야를 공부하면 어디에 활용할 수 있는지, 어떤 직업을 갖게 되는지도 조사해보세요. 배경 지식을 터득할 수 있을 뿐 아니라 동기부여가 되어 공부에 대한 의욕을 충전할 수 있습니다.

최대 규모의 외국어 학습 플랫폼 : 듀오링고

외국어 학습에 관심이 있다면 언어 학습 플랫폼을 살펴보세요. 전 세계 인구의 약 3억 명이 사용 중인 '듀오링고'는 세계 23개 외국어를 배울 수 있는 교육 웹사이트 및 애플리케이션입니다. 단어 암기, 문장 번역, 발음 등의 퀴즈를 통해 외국어 학습에 도움을 주는 플랫폼입니다.

MIT의 수준 높은 교육 서비스 : MIT오픈코스웨어

수학, 과학에 관심이 있다면 'MIT오픈코스웨어MIT OpenCourse Ware'에서 제공하는 방정식, 미적분, 기하학, 컴퓨터 공학 등의 과정을 무료로 볼 수 있습니다. 미국의 유명한 대학교 수업을 온라인을 통해 무료로 경험할 수 있습니다. 미국에 한 번도 간 적 없이 MIT 컴퓨터 공학 4년 과정을 독파하여 세계를 놀라게 한 캐나다 청년 스콧 영은 MIT오픈코스웨어를 통해 하루 12시간씩, 1년간 매일 공부했다고 합니다. 그는 우리가 사는 시대는 누구든 원하는 것은 얼마든지 배울 수 있으므로 기술 습득과 자기성장을 이루기 위해 노력해야 한다고 강조합니다.

미국 명문 대학의 수업 제공 : 코세라

'코세라Coursera'는 3,800개 이상의 과정, 400개의 전문화 코스 등 미국 명문 대학의 강의를 무료로 제공합니다. 전 세계에서 다섯 번째로 인기 있는 코스이자, 코세라 공동 창립자인 앤드류 응 교수가 제작한 '모두를 위한 AIAI for Everyone'는 코딩에 관심 있는 사람에게 추천하는 강의입니다. 글로벌 교육 사이트인 만큼 한국어 자막을 제공하는 강의도 있습니다. '모두를 위한 파이썬 특화과정 Programming for Everybody-Getting Started with Python'은 한국어 자막을 제공하는 대표 강의입니다.

믿음과 잠재력

일상의 모든 것이
공부가 된다

공부의 본질에 대해 생각해 봅시다. 공부의 정의는 무엇일까요? 무엇을 위해 공부를 하는 것일까요? 어떻게 하는 것이 공부한다고 말할 수 있을까요?

공부의 본질은 바로 새로운 것을 배우고 그것을 어디에 적용할 수 있을지 찾아보는 것입니다. 궁금했던 것을 찾아보고 해결하면서 공부가 시작됩니다. 해답은 다시 다른 곳에 적용할 수 있습니다. 그렇게 궁금했던 것을 알아가고 다시 그것을 다른 곳에 적용하는 과정이 계속 이어지도록 하는 것, 그것이 바로 공부입니다.

피상적이고 전략적인 학습자가 아닌
심층적 학습자가 되세요

세계 최고의 교수법 전문가로서 '교수를 가르치는 교수'라는 별명을 가진 켄 베인 교수는 세계적인 리더들이 학생 시절에 어떻게 공부했는지 연구했습니다. 대부분의 세계적 리더들은 학생 시절에 심층적 학습자의 특징을 보였습니다. 그는 학습자의 유형을 크게 세 가지로 분류했습니다. 단순 암기에 집중하는 '피상적 학습자', 좋은 성적을 내는 것을 목표로 삼는 '전략적 학습자', 학습 대상을 이해하는 것 자체에 보람을 느끼는 '심층적 학습자'입니다.

켄 베인 교수는 목적의식 없이 단순 암기를 하거나 단지 좋은 점수만을 위해 공부하는 피상적 학습자와 전략적 학습자를 비판합니다. 반면 심층적 학습자는 배우고자 하는 내적 동기가 강하기 때문에 전자보다 이해력과 학업 성취도가 높으며 세계적인 리더로 성공할 수 있다고 강조합니다.

단순히 좋은 성적을 얻어 좋은 대학에 진학하기 위한 공부는 피상적이고 전략적인 공부입니다. 모르는 것을 알아가고 그것을 다양한 곳에 적용하기 위해, 스스로 본질을 발견하기 위해 매진하는 것이 바로 공부입니다.

초등학교 3~4학년 수학 교육 과정 중 도형영역에서 평면도형인 원의 구성요소를 배우며 원의 중심, 지름, 반지름에 대하여 공부합니다. 5~6학년에는 입체도형에서 원기둥의 성질과 전개도, 원뿔과 구에 대하여 배웁니다. 이를 측정영역에 적용하여 원주율, 평면도형과 입체도형의 둘레와 겉넓이에 대하여 공부합니다. 이렇게 배운 내용은 나아가 실생활에서도 응용해볼 수 있습니다.

대부분의 피자 모양이 왜 둥근 원 모양인지 생각해본 적 있나요? 피자가 둥근 모양인 이유는 적은 양의 반죽으로도 최대의 면적을 만들 수 있기 때문입니다. 원 모양으로 넓게 펼쳐진 반죽은 토핑을 넉넉하게 올릴 수 있어 더욱 맛있는 피자가 됩니다. 또한 피자를 구울 때 열이 효과적으로 전달될 수 있는 가장 좋은 형태입니다.

요리할 때 사용하는 냄비나 프라이팬의 바닥이 둥근 이유도 이와 마찬가지입니다. 원의 중심에서 원 둘레까지 열을 고르게 전달하여 음식물을 골고루 익힐 수 있기 때문입니다. 주변의 사물에서 원 모양을 찾아 배운 내용과 연결해 보면 생활 속에서 원 모양이 얼마나 많이 활용되고 있는지 알 수 있습니다.

캔 음료수의 모양이 모두 원기둥인 이유도 수학적으로 접근하면 쉽게 정답을 찾을 수 있습니다. 기둥 모양의 입체도형 부피는 밑넓이와 높이를 곱해서 구할 수 있습니다. 원기둥, 삼각기둥, 사각기둥의 부피를 모두 같게 만듭니다. 이때 세 개의 기둥 높이가 모두 같다면, 가장 크기가 작은 도형은 원기둥입니다. 원이 삼각형과 사각형에 비해 둘레의 길이가 가장 짧기 때문입니다. 내용물의 양은 똑같이 담을 수 있지만 면적은 가장 좁은 형태가 공간 활용에 유리하기 때문에 모든 음료수 캔은 원기둥의 형태를 취하고 있습니다.

공부는 더 이상
엉덩이 싸움이 아닙니다

이처럼 학교에서 배운 지식은 일상생활에 적용할 수 있습니다. 습득한 지식을 일상생활에 적용함으로써 다시 한 번 자신의 것으로 만들 수 있습니다. 궁금증과 호기심은 언제 어디서든 생겨납니다. 이 내용을 왜 배웠는지, 배워서 어디에 활용 가능한지 찾아보는 것이 일상 속에서도 할 수 있는 진짜 공부입니다.

놀이터의 그네와 시소의 동작 원리가 궁금하다면 직접 찾아보아야 합니다. 그네는 진자 운동이 결합된 놀이기구입니다. 앞뒤로 자유롭게 움직일 수 있도록 한 점에 고정되어 매달려 있는 진자에 일정한 힘을 가하면 중력의 영향으로 가운데 축을 중심으로 좌우로 움직입니다. 이것을 진자 운동이라고 합니다. 힘의 에너지가 줄어들면 중앙에 멈추게 됩니다.

진자의 주기는 진폭과 상관없이 진자의 길이에만 영향을 받으므로 한쪽 끝에서 반대쪽 끝으로 가는 데 걸리는 시간은 같습니다. 진자 운동의 이 같은 특징은 시계에 달린 시계추가 일정한 속도로 움직여 톱니바퀴가 한 번에 한 칸씩 움직이게 합니다. 피아노를 연주할 때 박자를 맞추는 메트로놈은 진자 운동을 응용하여 만든 기계입니다. 가운데 막대에 매달린 추의 위치를 조정하여 일정한 박자를 맞출 때 사용합니다. 갈릴레오는 일정한 주기로 움직이는 진자를 보며 맥박을 셀 수 있는 맥박계를 발명했습니다.

시소는 힘점과 작용점 사이에 받침점이 있습니다. 지렛대를 고정해 놓는 점을 받침점, 손으로 힘을 가하는 부분을 힘점, 힘이 물체에 작용하는 부분을 작용점이라고 합니다. 시소는 지렛대의 원리를 이용하여 받침점으로부터 멀리 떨어진 힘점에서 적은 힘을 사용해서 받침점에서 가까운 작용점의 무거운 물체를 들어 올리는 놀이기구입니다. 시소는 받침점에서 멀어질수록 누르는 힘이 증가합니다. 한마디로 힘의 방향과 힘이 작용하는 방향이 반대입니다. 시소뿐 아니라 가위, 양팔 저울 등이 지렛대의 원리를 이용한 것입니다.

일상에서
유레카를 외쳐보세요

일상에서도 놀라운 깨달음을 발견할 때가 있습니다. 고대 그리스의 수학자 아르키메데스는 목욕을 하던 중 새로운 사실을 발견했습니다. 욕조에 물을 가득 채운 뒤 몸을 담그자 욕조에 차있던 물이 밖으로 흘러 넘쳤던 것입니다.

이때 아르키메데스는 이것을 그냥 지나치지 않았고, 탕 밖으로 흘러넘친 물의 부피가 자신의 몸의 부피와 똑같을 것이라고 생각했습니다. 그 발견은 왕관이 얼마만큼의 순금으로 만들어졌는지 알아내라는 왕의 지시에 대한 해답이었습니다. 그릇에 물을 가득 채운 뒤 물 속에 금으로 만든 문제의 왕관을 넣으면 왕관의 부피만큼 물이 그릇에서 흘러나올 것이고, 그것이 곧 왕관을 이룬 순금의

268

양이라는 사실을 깨달았습니다.

새로운 발견에 흥분한 아르키메데스는 목욕 중이라 벌거벗은 것도 잊은 채 거리로 뛰쳐나와 "유레카!"라고 외쳤습니다. 아르키메데스의 유레카라는 말은 그리스어로 '발견했다!'라는 뜻으로 몰랐던 사실을 알게 되었을 때 외치는 말로 오늘 날에도 자주 사용됩니다.

여러분은 앞으로 "유레카!"라고 발견하고 깨닫는 순간이 점점 많아질 것입니다. 발견에서 그치지 않고 그렇게 알게 된 내용을 새로운 내용과 연결고리를 만들어 어디에 활용할지 찾아보는 진짜 공부를 하기를 바랍니다.

시험에서 성적을 올리는 비결

PART

07

인내를 하룻밤에 얻을 수는 없다.
그것은 근육을 키우는 것과 같다.
매일 계속해야 할 필요가 있다.

에크낫 이스워런

시험대비 가정학습

시험 점수를 높이려면
어디서부터 시작해야 할까?

본격적으로 내신 공부를 시작하는 시기는 중학교입니다. 한 학기에 많게는 두 번, 중간고사와 기말고사를 통해 내신 성적을 평가하는 시험이 치러집니다. 학생들은 학교에서 정해준 시험 일정에 따라 긴장된 분위기 속에서 시험을 치르게 됩니다. OMR 카드를 처음 사용해보는 학생들도 많고, 긴장 속에 치른 탓인지 점수가 좋지 않아 눈물을 훔치는 학생들도 여럿 볼 수 있습니다. 초등학교 때까지만 해도 공부를 곧잘 하던 학생들도 처음 겪어보는 낯선 중학교 시험에 자신감을 잃기도 합니다. 열심히 공부하고 수업도 잘 들었다고 생각했는데 시험 점수는 야속하기만 합니다.

내신 시험이 처음인 중학교 학생들이 시험 점수를 높이는 방법을 찾는 일은 쉽지 않습니다. 참고서나 문제집을 새로 구입해 풀이보기도 하고, 학원에 다녀보기도 하지만 성적은 쉽사리 오르지 않습니다. 한 학기를 '학기 초 - 학기 중 - 학기 말'로 나누어 각 시기별로 어떻게 공부하면 성적을 올릴 수 있는지 알아보겠습니다.

'학기 초'에 보는 교과별 평가계획서에 비결이 숨어 있어요

학기가 새로 시작하면 교과별 평가계획서를 꼼꼼하게 읽어보세요. 학교마다 일정 차이가 있지만 1학기에는 3월에, 2학기에는 9월에 교과별 평가계획서를 학교 홈페이지에 공시합니다. 학교 홈페이지 이외에도 학교알리미www.schoolinfo.go.kr 사이트에서 해당 내용을 확인할 수 있습니다.

평가계획서를 미리 읽어 놓으면 한 학기 단위의 가정학습 계획을 세울 때 큰 도움이 됩니다. 특히 지필평가 및 수행평가의 일정을 확인하고 달력에 미리 기록하세요.

'학기 중' 수업에 집중해야 성적이 올라가요

전국에서 내로라하는 수재들이 모인 서울대학교에서도 누군가는 A+ 학점을 받고, 누군가는 C 학점을 받습니다. 학점이 좋은 학생은 특별한 비법을 가지고 있을까요? 서울대학교 교수학습개발센터는 높은 학점을 받는 학생들의 공부법을 분석하였습니다. 연구 결과에 의하면 학점이 높은 학생들은 강의시간에 들은 모든 내용을 필기한다는 공통점이 있습니다. 말 그대로 교수의 입에서 나온 모든 내용을 노트에 기록하는 행동이 높은 학점의 비결이었습니다. 우리는 이 연구를 통해 수업에 집중하며 필기하는 습관이 높은 성적과 밀접한 관련이 있다는 사실을 알 수 있습니다.

이는 어쩌면 당연한 결과인지 모릅니다. 학교 시험은 수업에서 배운 내용을 바탕으로 출제됩니다. 그 시험의 출제자는 바로 학교 선생님이시죠. 그렇기 때문에 시험 출제자인 선생님의 수업에 집중하는 것이 가장 중요합니다. 선생님이 수업 시간 중에 강조하는 부분이 시험에 출제됩니다. 문제의 출제자를 모르고 출제자의 의도를 파악하지 못하면 참고서나 문제집을 아무리 많이 풀어도 소용없습니다. 학원을 열심히 다녀도 학교에서의 높은 성적은 보장받을 수는 없습니다.

수업 중에는 선생님의 설명을 집중하여 듣고 노트에 필기합니다. 수업 내용 중 기억이 나지 않는 부분이 있거나 다시 듣고 싶다면 선생님께 사전에 양해를 구한 다음 녹음을 할 수도 있습니다. 수업 후 복습할 때는 필기한 내용을 다시 보며 수업 내용을 반복해서 떠올립니다. 수업 내용 중에서 무엇이 중요한 포인트인지 명확히 알고 있어야 합니다. 얼마만큼 수업에 집중하고 필기하는지에 따라 시험 성적이 달라집니다.

'학기 말'까지 잘 만든 오답노트로
한 학기의 실수를 되짚어요

시험이 끝난 후에는 반드시 오답노트를 작성해야 합니다. 헷갈 렸던 문제나 틀린 문제를 한 번 더 풀어보며 확인하는 것이 필요합 니다. 오답노트의 목적은 현재 자신의 실력을 진단하는 것뿐만 아 니라 앞으로 시험 문제의 출제 경향을 분석하기 위함입니다. 해당 과목 선생님이 바뀌지 않는 한 다음 시험에도 비슷한 유형의 문제 가 출제됩니다. 시험을 마치면 문제를 다시 한 번 풀어보고 실수를 반복하지 않도록 노력하는 첫 단계가 바로 오답노트입니다.

다시 정리하자면 학기 초에는 학사 일정을 토대로 철저한 학습 계획을 세웁니다. '계획이 반이다.'라는 말이 있듯이 잘 세워둔 계 획과 함께 학기를 시작하면 과정의 반은 이미 성공한 것입니다. 계 획에 맞춰 학교 수업에 성실히 참여하며 노트 필기에도 노력을 기 울입니다. 이 과정은 한 학기의 시험을 준비하는 밑거름이 됩니다. 학기 말은 다음 학기를 준비하는 중요한 시기이므로 지난 학기를 돌아보고 실수를 만회하는 계기로 삼아야 합니다. 시험에서 틀린 문제, 확실히 알고 있지 않은 개념 등을 오답노트를 통해 이 시기 에 확실히 다져야 합니다.

방학을 제외하면 한 학기는 1년의 반입니다. 한 학기를 잘 보내 야만 1년의 반을 잘 보낼 수 있는 것이죠. 조급한 마음은 버리고 각 시기별로 해야 할 과제들을 차근차근 해결해 나갑시다.

276

시험대비 가정학습

얕잡아보면 큰일난다!
국어는 철저하게 대비하자

　1년 교과 중 수업 시간의 많은 부분을 차지하는 과목은 단연 국어 과목입니다. 국어 공부를 잘해야 다른 교과목을 이해하는 데 도움이 됩니다. 하지만 많은 학생들이 국어 공부를 쉽게 여기고 소홀히 하는 경향이 있습니다. 수학과 영어는 학원에 다니고 다양한 문제집을 풀면서 철저히 준비하는 데 반해, 국어 공부는 등한시하는 경향이 있습니다.

　많은 학생들은 고등학교에 진학해 내신 시험을 치르고 모의고사 성적표를 받고 나서야, 영어나 수학만큼이나 국어도 만만치 않은 과목이라는 사실을 깨닫습니다. 지금부터라도 여러분은 국어 과목을 얕잡아보지 말고 철저히 대비해야 합니다. 이제부터 내신과

수능에서 좋은 점수를 얻기 위해 국어 과목의 기초를 세우는 공부 방법을 소개하겠습니다.

어휘력이 부족하면
국어 공부가 힘들어요

특히 한자어의 비중이 점차 커지는 중학교 국어는 어휘력이 낮으면 교과서의 상당 부분을 이해하지 못하게 됩니다.

어휘력 부족을 극복하기 위해서는 초등학교 저학년 때부터 꾸준히 독서 습관을 기르는 것이 무엇보다 중요합니다. 하지만 책을 많이 읽는 것은 영상 매체가 익숙한 지금의 학생들에게 어려운 일입니다. 텔레비전이나 유튜브를 보는 것이 훨씬 편하고 자극적이기 때문이죠.

많은 학교에서는 이러한 문제를 해결하고 독서를 장려하기 위해 독서활동기록을 권장합니다. 학생들의 독서 활동을 생활기록부에 기록하기도 합니다. 일주일에 한 권도 좋습니다. 시작이 반이에요. 학교 홈페이지에서 독서활동기록지를 찾아 출력하고, 온 가족이 함께 책을 읽는 시간을 가져보세요. 한 달 동안의 독서활동기록이 쌓이면 어느새 독서는 습관이 됩니다.

독서가 습관으로 자리 잡으면 이제 다양한 분야의 책을 접할 환경을 마련해야 합니다. 수능 국어의 비문학 영역은 과학, 기술, 경제, 철학 등 여러 분야의 내용을 다룹니다. 특정 분야의 책만 읽지 마세요. 다양한 분야의 책을 읽으며 어휘력과 독해력을 높여보세요. 어린 시절부터 폭넓게 책을 접할 기회를 만들어야 합니다. 손이 잘 닿는 곳에 텔레비전 대신 책을 놓아두세요. 동네의 도서관도 적극 활용합니다.

중학생이라면 자습서를 활용한 예습과 복습으로 교과서를 완벽하게 이해해요

국어 실력을 향상시키는 또 다른 방법은 바로 자습서를 활용하는 것입니다. 국어 자습서는 교과서 속 작품 설명이 상세히 정리되어 있어, 특히 내신 공부에 많은 도움을 줍니다.

먼저 학교 수업 전에 자습서에 있는 작품 설명을 미리 교과서에 옮겨 적으며 예습합니다. 그리고 수업 시간에는 선생님의 설명과 자신이 미리 옮겨 적은 작품 설명을 비교합니다. 수업 전에 국어 자습서로 예습을 해두면 선생님이 설명하는 내용 중에서 무엇이 중요한 것인지 미리 알 수 있습니다. 자세하게 설명하는 부분은 해당 작품의 핵심이며, 건너뛰는 부분은 중요한 내용이 아닙니다. 또한 자습서에서 설명한 내용과 선생님의 설명이 다르다면 수업이 끝나고 바로 질문해 확인할 수 있습니다.

학교 수업을 마치고는 자습서의 내용을 꼼꼼히 읽으며 복습합니다. 수업시간을 통해 알게 된 내용을 복습하면 기억에 오래 남습니다. 중학 국어 공부의 과정을 요약하면 다음과 같습니다.

이와 같이 예습과 복습에 자습서를 활용하는 방법으로 교과서 속 작품 설명을 잘 암기한다면 국어 시험에서 높은 점수를 기대할 수 있습니다.

고등학생이라면 문제집 풀이로
교과서 외부 지문을 이해하는 능력을 키워요

고등학교 국어 과목은 중학교에 비해 난도가 매우 높습니다. 그렇기에 고등학교에 진학한 학생들이 국어 공부에 어려움을 느끼는 경우가 많습니다. 중학교 국어 문제는 교과서와 자습서를 통해 작품 설명을 제대로 이해하고 암기만 하면 쉽게 풀 수 있습니다. 하지만 고등학교 국어 문제는 차원이 다릅니다. 교과서에 수록되지 않은 외부 지문이 시험 문제에 출제되며, 시험 문제의 난도가 눈에 띄게 높아집니다.

결국 외부 지문과 연결된 문제를 어떻게 해결하느냐에 따라 시험 성적이 좌우됩니다. 이를 해결하기 위해서는 학습 방식을 조금 바꾸어야 합니다. 자습서로 공부한 뒤 문제를 풀던 방식에서 문제를 먼저 풀고 개념을 공부하는 방식으로 변화를 주는 것입니다.

중학교 국어는 보통 자습서의 해설을 참고하여 교과서 작품을 이해한 후 관련 문제를 푸는 방법으로 공부합니다. 하지만 고등학교 국어는 처음 보는 외부 지문이 시험에 등장합니다. 처음 보는 외부 지문에 대해 미리 공부한 적이 없기 때문에 작품을 이해하고 문제를 푸는 방식에 익숙하다면 오히려 독이 될 수 있습니다.

따라서 깊이 있는 국어 학습을 위해서는 문제를 먼저 풀고 작품을 이해하는 순서로 공부하는 것이 좋습니다. 처음 보는 지문도 당황하지 않고 핵심 내용을 파악할 수 있으며 실전 감각과 문제 적응력을 기를 수 있습니다. 어려워지는 고등학교 국어 공부를 대비하기 위한 과정을 요약하면 다음과 같습니다.

> ① 먼저 '문제 풀기' → ② 자습서의 설명을 '교과서에 옮겨 적기' →
> ③ '학교 수업' 듣기 → ④ 정답 확인 후 '작품 내용 이해'하기

국어 공부의 핵심은 성실함입니다. 수학이나 영어처럼 생소한 개념이나 모르는 단어가 나오지 않는다고 국어 공부를 소홀히 해서는 안 됩니다. 국어는 수업 시간이 많고 비중이 높은 과목이므로 철저하게 예습하고 성실하게 학교 수업을 따라가야 합니다. 올바른 국어 공부법만이 내신 시험에서, 나아가 수능시험에서 만족할 만한 국어 점수를 기대할 수 있는 비결입니다.

시험대비 가정학습

수학은 실수를
줄이는 것에서 시작한다

　초등학교 때 수학에 자신 있던 학생들도 중학교에 올라오면서 확연히 달라진 난도에 흠칫 놀라기 일쑤입니다. 초등학교에선 100점, 90점을 쉽게 넘겼던 학생들이 중학교에 와서는 평균 점수를 밑도는 경우도 많습니다. 상위권이던 성적이 중하위권이라니 도저히 믿을 수 없습니다.

　학생뿐만 아니라 학부모도 첫 시험을 치르고 가장 놀라는 것이 바로 수학 점수입니다. 고득점을 유지하던 자녀의 수학 점수가 한순간에 하락하는 것을 목격한 학부모들은 놀란 마음에 학원부터 찾아보기 시작합니다.

　학원에 다닌다고 수학 점수가 올라갈까요? 그렇지 않습니다. 수학은 혼자 공부가 가장 필요한 과목입니다. 가정학습 계획을 세우고 공부 습관 변화를 통해 수학 점수를 올려봅시다.

기초가 튼튼하려면
연산문제로 반복훈련하세요

수학을 잘하려면 기초를 탄탄하게 해야 된다는 사실은 아무리 강조해도 지나치지 않습니다. 중학교에 올라오기 전에 반드시 기초연산 연습을 충분히 해야 합니다. 너무 당연한 내용이라고 생각할 수 있지만 시험 성적이 좋지 않은 학생들은 기초연산에서부터 헤매곤 합니다. 분수의 덧셈과 뺄셈, 마이너스 사칙연산 등 초등학교 때 배운 내용을 충분히 숙지하지 않아 중학교 수학에서 어려움을 겪기도 합니다.

수학은 계열성이 중요한 과목입니다. 계열성은 동일한 내용이 단계가 거듭할수록 깊어진다는 의미입니다. 초등학교에서 배운 내용이 중학교로, 중학교에서 배운 내용이 고등학교로 이어지면서 그 내용의 깊이만 달라집니다. 다시 말해 초등학교 때 제대로 익히지 않으면 중학교, 고등학교 수학 공부에 좋지 않은 영향을 미칠 수 있습니다.

초등학교 때는 중학교 과정의 선행학습보다 이미 배운 내용을 완벽히 이해하고 익혀서 자신의 것으로 만드는 시간이 필요합니다. 선행학습을 하지 않았다고 중학교 내신 시험을 망치지는 않습니다. 그러니 기초를 소홀히 하면 학년이 올라갈수록 시험 성적이 점점 떨어집니다. 기초가 부족하다면 수준 높은 문제집을 풀기보다는 기초연산 연습을 반복적으로 훈련하기를 추천합니다.

개념노트와 오답노트를 적극 활용해요

개념노트 만들기에서 가장 중요한 포인트는 설명을 옮겨 적는 것이 아니라 문제를 모으는 것에 있습니다. 다시 말해 개념 설명은 짧게 한두 문장으로 적고 실제로 여러 문제집에 있는 다양한 문제들을 하나의 개념 아래에 계속해서 더해가는 것입니다. 개념노트는 개념과 문제를 덧붙이기 용이한 바인더 노트를 활용합니다.

하지만 개념노트의 핵심은 제대로 파악하지 못하고 노트 만들기에만 급급한 학생들이 많습니다. 교과서 혹은 참고서의 개념 설명을 그대로 자신의 노트에 옮겨 적고서는 자신만의 개념노트를 완성했다고 하는 것입니다. 개념노트의 핵심은 개념에서 꼭 필요한 내용만 스스로 요약하는 데 있습니다. 교과서와 여러 개념서를 참고하여 중요한 내용들을 모아 한두 줄로 요약하여 노트에 옮겨 적으세요. 이렇게 잘 만들어진 개념노트 한 권이면 어깨가 무겁게 여러 권의 책을 들고 다닐 필요가 없습니다.

개념노트만큼 중요한 것이 바로 오답노트 만들기입니다. 수학 전문가들이 수학 실력을 높이기 위해 1순위로 꼽는 것은 바로 오답노트입니다. 실수를 줄여나가는 연습이 필요한 수학 과목에서 오답노트를 정리하는 것은 그 무엇보다 중요합니다.

오답노트를 효과적으로 정리하는 방법은 문제와 해설을 분리하는 것입니다. 흔히 문제 바로 옆이나 밑에 해설을 적어두는 데, 이렇게 하면 문제를 풀면서도 정답에 눈길이 가 문제를 다시 풀어보는 데 방해가 됩니다. 오답노트는 여러분이 틀렸던 문제를 완전히 이해할 때까지 반복적으로 풀어볼 때 효과가 있습니다. 오답노트에 있는 문제를 풀어보기도 전에 먼저 해설을 본다면 그것은 여러분이 직접 풀어보는 것이 아니라 해설을 읽는 것에 그치게 됩니다.

오답노트의 문제를 다시 풀어보면서 이해되지 않는 풀이과정과 답을 스스로 찾으려고 노력하세요. 이를 위해 해설은 꼭 분리해서 적어두고 문제를 풀다가 도저히 모르겠다면 그때 해설을 보아야 합니다. 그리고 틀린 문제는 적어도 3번 이상 반복해서 풀고 문제 옆에 다시 풀어본 횟수를 바를 정正 자로 표시하도록 합니다.

수학 오답노트 예시

오답노트는 반복해서 틀리는 문제 유형을 파악하고 다시 공부하기 위한 최선의 방법입니다. 또한 시험 직전에 오답노트를 살펴보고 부족한 부분만 공부할 수 있어 시간 절약에도 도움이 됩니다.

수학 공부의 기본은 기초연산 능력을 잘 갖추어 사소한 계산 실수를 줄이는 것으로 시작됩니다. 개념 공부를 철저히 하고 그 개념에 해당하는 다양한 유형의 문제를 풀어 연습해야 합니다. 틀린 문제들은 반드시 오답노트를 통해 실수를 반복하지 않아야 합니다.

수학 공부에 있어 또 한 가지 중요한 점은 수학 문제를 풀 때 풀이 과정을 세세하고 깔끔하게 적어야 한다는 것입니다. 풀이 과정을 잘 적었다면 해답을 맞히지 못하더라도 어느 부분에서 잘못 풀이했는지 한눈에 파악할 수 있습니다. 평소 수학 문제를 풀 때는 주어진 여백에 풀이를 채워 나가는 연습을 습관처럼 반복하세요. 꾸준한 습관의 결과는 수학 성적으로 보답 받게 될 것입니다.

시험대비 가정학습

영어는 단어, 문법, 독해의
3박자를 갖춰라

    국제화된 시대에 영어 능력은 필수입니다. 유창한 영어 회화뿐만 아니라 학교 성적 관리를 위해서도 학생들은 영어 공부에 많은 시간을 투자하고 있습니다. 조기교육부터 유학까지, 영어 공부에 들이는 시간은 많은데 학생들은 여전히 영어를 어렵게만 생각합니다. 언어로서의 영어 공부 방법과 성적을 위한 영어 공부 방법은 현저히 다르기 때문에 차이점을 알고 다른 전략으로 접근해야 합니다.

    언어로서의 영어를 습득하기 위해서는 평소에 영어로 듣고, 말하고, 읽고, 쓰는 경험을 많이하여 영어에 노출되는 양을 늘려야 합니다. 영어를 처음 접하는 아이들에게 영어 노래를 따라 부르고 원시를 읽는 경험은 매우 중요합니다.

하지만 학교 성적을 올리기 위한 영어 공부는 완전히 다른 공부 방법으로 접근해야 합니다. 중학교부터 시작되는 내신 영어를 대비하기 위해서는 단어, 문법, 독해의 3박자를 갖추는 것이 중요합니다. 각 영역에서 어떻게 공부해야 하는지 자세히 알아보도록 하겠습니다.

무조건 외우지 말고 다양한 예문을 읽으며 단어를 공부해요

국어와 마찬가지로 한 나라의 언어인 영어는 단어가 가장 중요합니다. 어휘력이 잘 갖춰지지 않은 상태에서는 영어로 말하기뿐만 아니라 듣기, 쓰기, 읽기가 모두 어렵습니다. 하지만 학생들은 영단어 암기를 무척 싫어합니다. 심지어 영단어를 반복해서 쓰며 암기하는 일명 깜지로 벌을 주기도 하니, 학생들이 영단어 암기를 얼마나 싫어하고 어려워하는지 짐작이 갑니다. 깜지를 빼곡하게 채웠는데도 팔만 아프고 머리에 남아 있는 영어 단어는 몇 개가 되지 않습니다.

영어 단어를 효율적으로 암기하기 위해서는 무작정 따라 쓰며 외우는 방법은 추천하지 않습니다. 쓰면서 외우게 되면 그 순간은 단어를 외웠다고 생각할 수 있지만 기억은 오래가지 않습니다. 무작정 따라 쓰는 방법 대신에 사진이나 예문과 함께 단어를 익히는 방법을 추천합니다.

　대부분의 영어 단어는 우리말 뜻풀이와 일대일로 대응하지 않습니다. 따라서 영어 단어에 한 가지 한국어 뜻만 외우는 것은 바람직하지 않습니다. 영어 단어의 한 가지 뜻만 외우다 보면 뜻이 다양한 단어의 경우 다른 뜻이 생각나지 않을 수 있습니다.

　영어 단어 'Work'는 한국어로 '일하다'만 뜻하지 않습니다. 문맥에 따라 'Work'는 (몸을) 움직이다, (기계가) 돌아가다, (일이) 진행하다의 뜻으로 다양하게 활용됩니다. 이처럼 단어는 상황과 맥락에 따라 뜻풀이가 달라집니다. 그러므로 단어를 공부할 때 단어장의 여러 예문을 함께 읽거나 관련 이미지를 검색하는 등 사진과 예문을 활용해 공부하기 바랍니다.

영문법 책을 단기간에 학습하면서 큰 틀에서 문법을 공부해요

　중학교 과정의 영문법은 가장 기본적인 문법으로, 그 내용이 고등학교 과정까지 이어집니다. 고등학교 영어에서 새로운 개념을 배운다기보다는 중학교에서 배웠던 영문법이 심화된다고 생각하면 됩니다. 그렇기에 중학교 때 영문법 기초를 튼튼하게 갖추어야 합니다.

　하지만 학교 진도에 맞춰서 공부하다 보면 영문법의 전체적인 그림을 보기가 매우 어렵습니다. 중학교 3년 동안 영문법을 잘게 쪼개서 친천히 배우기 때문입니다. 영문법이라는 큰 그림을 보기 위해서는 단기간에 전체적인 영문법을 학습해야 합니다. 한 권의 좋은 영문법 책, 한 개의 좋은 강의 커리큘럼으로 단기간 안에 영문법 공부를 끝내도록 합시다.

단기간에 중학영문법을 정리할 수 있는 효과적인 채널로 유튜브 '혼공TV'를 추천합니다. 혼공TV의 혼공기초영문법 Level 1, 2, 3 강의를 따라 하루 1시간 정도 공부한다면 2~3달 안에 중학영문법 개념을 모두 정리할 수 있습니다.

혼공쌤의
혼공기초영문법 Level 1,2,3

중학교 문법을 총정리하는 내용으로 혼공 허준석 선생님의 강의 모음집입니다. 총 90강으로 구성되어 있으며 시청은 무료입니다. 교재 『혼공기초영문법 Level 1, 2, 3』(총 3권)을 참고하면 더욱 좋습니다.

Level 1

Level 2

Level 3

문장을 끊어 해석하는 '구문 학습'으로
독해를 마스터해요

　독해를 잘하려면 영어 구문에 대한 이해가 높아야 하며, 그 이해력은 문장을 끊어 읽는 연습을 통해 향상시킬 수 있습니다. 중학교 영어 교과서의 문장은 고등학교 영어 교과서 문장에 비해 길거나 어렵지 않습니다. 앞으로 긴 호흡으로 이어지는 고등학교 교과서의 문장을 이해하기 위해서는 문장의 난도가 비교적 쉬운 중학교 교과서의 문장을 끊어 읽는 연습을 해야 합니다.

　문장을 끊어 읽는다는 것은 해석을 기반으로 문장의 성분을 나눠주는 것입니다. 주어, 동사, 목적어 등의 문장 성분으로 문장을 쪼개어 읽으면 됩니다. 끊어 읽기를 공부하기 좋은 교재나 인터넷 강의도 많이 있습니다. 여러분에게 맞는 교재나 강의를 골라 학습한다면 독해 능력을 향상하는 데 도움을 받을 수 있습니다.

학년별 영어공부법 소개
『초중고 영어공부 로드맵』

영어를 잘하는 법을 몇 페이지 안에 다 담기란 불가능합니다. 학년별 영어공부법에 대한 더욱 자세한 내용이 궁금하다면 다음의 책을 읽어보시기를 추천합니다.

시험대비 가정학습

과학과 사회에 대한
배경지식을 쌓자

　주요 과목인 국어, 수학, 영어는 시중에 다양한 참고서나 문제집이 있고, 인터넷에는 개념 정리를 다룬 강의가 많이 있습니다. 조금만 관심을 가지고 찾아보면 국어, 수학, 영어와 관련한 공부 방법을 쉽게 찾아볼 수 있습니다.

　하지만 과학과 사회 과목은 그렇지 않습니다. 고등학생을 위한 공부 방법은 잘 나와 있는 반면, 중학교 과정의 과학과 사회 과목의 정보는 찾아보기 쉽지 않죠. 내신 시험을 위한 특강을 운영하는 학원이 있을 뿐, 과학과 사회 과목을 꾸준히 공부할 수 있는 학원은 많지 않습니다.

　그렇기 때문에 과학과 사회를 어떻게 공부해야 하는지 갈피를 잡지 못하는 학생들이 많습니다. 하지만 다음의 내용만 잘 기억한다면 혼자서도 가정학습을 통해 과학과 사회 시험을 충실하게 대비할 수 있습니다.

학습만화도 OK!
독서를 통해 어려운 개념을 습득해요

중학교의 과학과 사회 교과 선생님들은 해당 과목을 잘하려면 풍부한 배경지식이 뒷받침되어야 한다고 강조합니다. 과학과 사회 모두 다양한 개념과 사건, 이론과 현상을 다루는 과목이기 때문입니다. 두 교과의 배경지식은 독서 활동을 통해 쌓을 수 있습니다.

중학교 1학년 과학 과목에서 배우는 내용에는 '융해', '기화', '승화', '액화', '응고'와 같이 생소한 개념이 많습니다. 사회 과목도 마찬가지입니다. '공공재', '금융', '사면', '인플레이션', '제국주의' 등 생소한 용어는 사회 교과서에도 가득합니다. 어린 시절부터 여러 배경지식을 쌓아온 학생이라면 이렇듯 생소한 단어도 익숙하게 다가옵니다. 어려운 개념이 친숙하게 느껴진다면 절반은 성공입니다. 친숙함이 생기면 배우기 어렵다는 생각과 거부감이 사라져 열린 마음으로 공부에 임할 수 있습니다.

책 읽기를 좋아하지 않는다면 학습만화 읽기도 추천합니다. 과학과 사회와 관련된 도서, 학습만화 읽기 등 독서활동을 충실히 하며, 배경지식을 늘리는 것을 첫 번째 목표로 삼아보세요.

교과서 중심으로
기본기를 탄탄하게 다져요

중학교 과학과 사회 시험을 준비할 때는 문제집을 많이 풀기보다는 교과서를 반복해서 정독할 것을 추천합니다. 절대평가를 도입하는 학교는 학생의 성적으로 변별하기보다 개별 학생이 정해진 목표에 도달하였는지를 판단하는 것에 초점을 둡니다. 성취기준을 한참 뛰어넘는 수준으로 문제가 출제되지는 않으므로 교과서를 중심으로 기본에 충실한 공부를 하는 것이 가장 효율적입니다.

문제집은 교과서의 모든 내용을 담고 있어서 실제 학교 수업에서 중요하게 다룬 부분과 그렇지 않은 부분을 구분하여 공부할 수 없다는 단점이 있습니다. 따라서 학교 수업 시간에 선생님의 설명에 집중하며 노트 필기를 충실히 하고, 선생님이 강조한 부분과 그렇지 않은 부분을 잘 표시합니다. 그리고 교과서를 여러 번 정독하며 복습합니다. 교과서와 같은 출판사에서 출판된 자습서나 참고서를 활용해 이해를 높인다면 완벽히 공부할 수 있습니다.

벼락치기는 금물,
평소에 예습과 복습을 철저히 하세요

과학과 사회 과목은 절대적인 공부량이 확보되어야 합니다. 학생들은 국어, 수학, 영어 시험을 준비할 때와 과학과 사회 시험을 준비할 때의 마음가짐이 다릅니다. 국어, 수학, 영어 과목은 중요하게 생각하기 때문에 시험 한 달 전부터 준비하며 시간과 노력을 많이 투자하는 반면, 과학과 사회 과목은 소홀하게 생각하여 시험 직전에 벼락치기로 공부하는 학생이 많습니다.

과학과 사회 시험의 난도가 높은 편이 아님에도 불구하고 성취도 평균 점수가 낮은 것은 학생들의 시험 대비 공부량이 절대적으로 부족하기 때문입니다.

과학과 사회 시험 점수가 좋지 않다면 먼저 절대적인 공부 시간을 따져봐야 합니다. 주요 과목의 공부 시간과 비교하였을 때, 과학과 사회 과목의 공부 시간이 그의 절반도 되지 않는다면 점수가 낮게 나오는 것은 당연한 결과입니다. 과학과 사회 과목은 조금만 신경 써서 공부량을 늘린다면 좋은 성적을 낼 수 있습니다. 평소에 예습과 복습을 통해 공부량을 늘리고 수업 시간에 집중해서 과학과 사회 과목에서도 높은 점수를 받을 수 있도록 노력해야 합니다.

시험대비 가정학습

내일부터 시험!
학원보다 자신을 믿는 것이 중요

수업 시간에도, 복습을 할 때도 전혀 이해할 수 없던 개념이 시험 전날에는 신기하게도 머릿속에 쏙쏙 들어오는 경험을 해본 적 있을 것입니다. 시험을 앞둔 하루 전날에는 평소와 다른 초인적인 집중력이 발휘되기 때문이죠. 마감이 정해져 있는 과제를 수행할 때, 마감 시간이 가까워지면 가까워질수록 일의 능률이 급격하게 상승하기도 합니다. 심리학에서는 이것을 '마감효과'라고 합니다.

어떤 일을 해내야 하는 기한이 길면 일을 계속 미루는 것이 인간의 심리입니다. 일은 미룰수록 효율이 떨어집니다. 하지만 마감이 가까워지면서 발등에 불이 떨어지기 직전이라는 사실을 직감하면 미친 듯이 일을 처리합니다.

미국의 작곡자이자 지휘자인 레너드 번스타인은 위대한 업적을 이뤄내기 위해서는 '계획'과 '적당히 빠듯한 시간'이 필요하다고 말했습니다. 이처럼 철저한 계획과 적당한 긴장감이 있을 때 집중력과 일의 능률이 높아집니다.

학원의 시험 직전 특강보다 스스로 만든 개념노트를 믿어요

지금까지 철저한 가정학습 계획에 따라 긴 시간 동안 시험 준비를 해왔습니다. 시간은 흘러 시험이 코앞으로 다가왔습니다. 시험을 앞두고 여러분은 놀라운 결과를 이끌어 내기 위해 최대한의 집중력을 발휘하여 마지막 준비를 해야 합니다. 이제 시험 전날에 어떤 공부를 하는지가 시험의 승패를 결정하는 중요한 요인이 됩니다. 지금부터 시험 직전 대비 공부의 포인트를 알아봅시다.

우선 학원에 의존하지 않고 자신을 믿어야 합니다. 학생과 학부모 모두 학원 공부에 의존하는 경향이 심합니다. 많은 학생들이 학원에서 시험 직전에 진행하는 보강 특강을 듣습니다. 학원에서 시험에 나올 만한 주요 개념을 정리해주고 시험 출제 포인트를 짚어주는 강의이죠. 학생들은 보강 특강을 듣는 것 자체만으로 일단 안심합니다.

하지만 이는 완벽한 시험 준비가 아닙니다. 학원 공부에 의존하는 방식은 듣는 공부의 형태, 즉 수동적인 공부 방식입니다. 듣기만 하는 공부는 스스로 공부하는 것보다 기억에 오래 남지 않습니다. 학원 선생님의 설명만 들어서는 내 것이 될 수 없고 결국 복습의 시간이 필요합니다. 하지만 보강 특강을 듣느라 복습 시간이 부족합니다. 시험 전날에는 학원에서 제공하는 보강 특강을 듣는 것보다 스스로 공부하며 교과서 내용을 다시 복습하는 시간을 반드시 가지세요. 공부란 스스로 할 때만 자신의 것이 될 수 있습니다.

이미 풀었던 문제집을 다시 살펴보고 풀이과정을 이해해요

시험 전날 복습에 필요한 것이 바로 개념노트와 오답노트입니다. 직접 만든 개념노트와 오답노트를 꼼꼼하게 살펴보고 마감이 닥쳤을 때 발휘되는 집중력으로 머릿속에 차곡차곡 정리하세요.

시험 전날에 절대 해서는 안 되는 일이 바로 새로운 문제를 풀어보는 것입니다. 시험 전날까지 문제집을 풀고 있는 안타까운 학생들이 있습니다. 시험 전날 새로운 문제를 많이 푸는 것이 결코 도움이 되지 않습니다.

시험을 준비하면서 풀어보았던 문제를 다시 한 번 살펴보세요. 정답을 맞힌 문제는 철저하게 암기하고, 맞히지 못한 문제는 풀이과정을 살펴보며 실수를 복기하는 방식으로 공부합니다.

형광펜으로 표시하며
교과서나 참고서를 여러 번 읽어요

시험 전날은 교과서나 참고서를 정독합니다. 형광펜을 이용해 중요한 부분에 체크하며 개념은 완벽히 외운다는 마음으로 여러 번 정독하는 것이 좋습니다.

1차로 정독할 때에는 교과서 내용을 꼼꼼히 읽으며 중요한 내용을 형광펜으로 체크해 둡니다. 예시 자료나 사진 자료까지도 놓치지 않고 살펴봅니다. 2차로 정독할 때는 형광펜으로 체크한 내용을 중심으로 훑어봅니다. 완벽하게 이해하지 못한 내용이 있다면 반복해서 읽습니다. 잘 외워지지 않는 내용은 포스트잇에 옮겨 적습니다.

메모한 포스트잇은 책상 근처 시선이 잘 가는 공간에 붙여둡니다. 방문이나 화장실 거울에 붙이고 오다가다 내용을 복습합니다. 개념을 완벽하게 기억했다면 포스트잇을 떼어내면 됩니다.

시험 전날은 기본에 충실한 공부를 해야 합니다. 시험에 꼭 나온다는 족집게 기출문제나 보강 특강에 모든 것을 맡겨서는 안 됩니다. 교과서와 참고서를 정독하며 직접 만든 개념노트와 오답노트를 복기하세요. 새로운 것을 습득하기보다는 이미 알고 있는 내용을 복습하며 실수를 줄이기 위해 노력하세요. 시험 전날에 발휘되는 여러분의 집중력을 활용해 마지막까지 공부해보세요. 늦었다고 생각할 때가 가장 빠르다는 말을 기억하세요.

시험대비 가정학습

시간 배분을 잘해야
시험 성적이 올라간다

시험을 앞두고 학생들은 '이번엔 실수 없이 실력을 모두 발휘해야지!'라고 다짐합니다. 하지만 막상 시험이 시작되면 시험지를 넘기는 손이 떨리고 심장이 빠르게 뛰기 시작합니다. 난도 높은 문제가 나오면 손에 땀이 납니다. 그렇게 긴장 속에서 치른 시험은 시험지에 빨간 비가 내립니다. 모르는 문제라 틀린 것도 아닙니다. 대부분 시간이 부족해 풀지 못 했거나 답안 마킹을 잘못해서 틀린 문제입니다.

이유야 어쨌든 시험 성적은 실력이 반영된 결과입니다. 시험은 전략과 기술로 맞서야 하는 상대입니다. 실수를 줄이고 시험 성적을 올리기 위해서는 시간 배분 전략이 중요합니다. 시간 배분을 잘하는 학생은 문제를 하나라도 더 맞힐 수 있습니다.

확실히 풀 수 있는 문제를
먼저 해결해요

시험이 시작되면 먼저 빠른 속도로 시험지 전체를 훑어봅니다. 문제를 훑어보지 않고 바로 1번 문제부터 풀기 시작하면 어떤 문제에 시간을 들이고, 어떤 문제는 과감하게 포기해야 할지 전략을 세울 수 없습니다. 답이 헷갈리는 문제는 '△' 표, 쉽게 풀 수 없어 보이는 난도 높은 문제는 '×' 표를 합니다.

헷갈리는 문제나 쉽게 풀 수 없는 문제에 시간을 낭비하지 않기 위한 방법입니다. 시험지 전체를 훑어보았다면 이제 확실히 풀 수 있는 문제에 집중해서 하나씩 해결해 나갑니다. '△'와 '×' 표시한 문제는 일단 넘어갑니다. 문제를 풀지 않고 넘어가기만 한다면 불안한 마음이 생기지만 이것이 좋은 결과를 낼 수 있다는 믿음을 가져야 합니다. 풀 수 있는 문제를 모두 해결했다면 실수가 없었는지 점검하고 답안지에 먼저 체크합니다.

어려운 문제에 표시하고
남은 시간에 집중해서 풀어요

이제 '△'와 '×' 표시를 했던 문제에 집중할 시간입니다. 시험 종료까지 남은 시간을 확인하고 한 문제당 얼마의 시간을 쓸 수 있는지 대략 계산합니다. 20분의 시간이 남았고 5개의 문제를 더 풀어야 한다면, 답안시에 **최종 제그할 시간**을 제외하고 한 문제당 대략 3분의 시간이 남았습니다.

이때 문제를 푸는 순서도 중요합니다. '△' 표시한 문제를 먼저 해결하고 '✕' 표시한 문제로 넘어가세요. 다시 봐도 해답이 보이지 않는 문제는 계속 붙잡아 두지 않습니다. 이런 과정을 거쳐도 끝까지 남는 문제는 남은 시간을 모두 투자하여 해결합니다.

시험은 시간과의 싸움입니다. 전체 시험문제를 살펴보고 확실히 해결할 수 있는 문제를 먼저 풀며, 어려운 문제는 표시를 해둡니다. 차근차근 하나씩 풀어나가면서 난도가 높은 문제에는 남은 시간을 모두 투자하여 답을 찾아냅니다. 시간을 배분하는 전략은 시험보기 전에 반드시 기출문제를 활용해 연습하세요.

또 한 가지 팁은 시험을 보기 전에 선생님께 미리 시험 문제의 문항수를 여쭤보는 것입니다. 문항수를 미리 알아두면 시험을 보기 전 미리 시간 계획을 세우는 데 도움이 됩니다. 예를 들어 객관식 20문제와 주관식 5문제의 시험이라고 한다면, 객관식은 문제당 1분씩, 총 20분 안에 해결합니다. 주관식은 문제당 3분씩, 총 15분, 검토 및 답안지 체크는 10분으로 계산해둡니다. 이렇게 사전에 시간 계획을 세우면 시험으로부터 오는 긴장감도 덜어낼 수 있답니다.

302

시험대비 가정학습

특목고를 목표로 한다면
미리미리 준비하자

  특수목적고등학교, 즉 특목고란 특수 분야의 전문적인 교육을 목적으로 하는 고등학교입니다. 특목고의 종류에는 과학, 외국어 계열의 특수 분야 고등학교나 예술인 양성을 위한 예술 고등학교 등이 있습니다.

  몇 년 전만 해도 특목고 입학을 꿈꾸는 중학생들이 특목고 입시를 전문으로 하는 학원에 다니며 입시 준비에 열을 올리던 때가 있었습니다. 당시의 특목고에는 지원자의 성적이나 능력을 평가하기 위한 학교별 시험이 존재했고, 시험 결과에 따라 당락이 결정되었습니다.

이제 특목고는 중학교 활동을
종합해 인재를 선발해요

하지만 최근 특목고 입시는 따로 입학시험을 치르지 않는 경우가 많습니다. 대신에 지원자의 중학교 생활을 전반적으로 살펴보고 합격 여부를 결정합니다. 대학 입시의 학생부종합전형과 유사합니다. 학교성적, 출결 사항, 학교생활을 종합적으로 판단하여 인재를 선발합니다.

특목고에서 공개하는 자료에 따르면 특목고 입시 기준에는 특정 과목의 중학교 성적과 출결 사항 등이 포함됩니다. 학생의 중학교 생활과 경험을 중심으로 면접 질문이 구성됩니다. 특목고 입시에 특별한 비법이 있는 것은 아닙니다. 학생들은 학교생활에 충실하고 학교 시험을 잘 보는 것으로 특목고 진학을 준비하면 됩니다. 그러므로 중학교 내신 시험을 소홀히 준비해서는 안 됩니다. 중간고사, 기말고사에 해당하는 정기 시험뿐만 아니라 학기 중 수시로 진행되는 수행평가까지 꼼꼼히 대비하도록 합시다.

더불어 진학을 희망하는 학교에서 필요로 하는 과목의 성적은 특별히 신경 써서 준비하세요. 과학고등학교는 수학과 과학 성적, 국제고등학교나 외국어고등학교는 영어, 국어, 사회 성적이 좋아야 합니다. 특목고 지원자의 대부분이 지원에 필요한 교과 성적을 모두 A 등급으로 맞추기 위해 노력하며 경쟁하고 있습니다.

학교생활을 충실하게 했다면
입시 준비는 어렵지 않아요

성적 이외에도 특목고 입시에 도움이 되는 활동들이 있습니다. 학생회 임원 활동, 자율동아리 활동, 봉사활동과 같은 학교생활 활동입니다. 학교생활을 충실히 하는 것이 특목고 입시 준비의 첫 걸음입니다. 다음의 사항을 참고하여 중학교 생활에 성실히 임합시다.

생활기록부 관리

교과 성적을 제외하고 출결, 봉사활동, 수상경력 등의 내용은 생활기록부에 기본 사항으로 들어갑니다.

출결은 고등학교 입시에 있어 상당히 중요합니다. 일반계 고등학교가 아닌 특목고나 특성화고에 진학을 희망한다면 특별히 관리해야 합니다. 사유 없이 미인정지각, 조퇴, 결과, 결석을 하지 않도록 유의하세요.

면접에서 미인정지각, 조퇴, 결과, 결석의 사유를 묻기도 합니다. 늦잠, 태만 등의 이유라면 성실하지 못한 학생으로 여깁니다. 요즘은 원격수업으로 미인정결과 처리되는 학생의 수가 늘어나고 있습니다. 집에서 수업을 듣다 보면 쉽게 나태해질 수 있지만 순간의 게으름이 고등학교 입시의 당락을 결정할 수도 있다는 사실을 잊지 않도록 합니다.

봉사활동의 경우, 3년 안에 채워야 하는 이수시간이 있습니다. 봉사활동의 필수 이수시간을 채우는 것에 급급해 하지 말고 양질의 봉사활동에 참여하여 이야깃거리를 만드는 것이 유리합니다. 예를 들어 국제고등학교에 진학하고 싶다면 번역 봉사활동이나 사회 이슈와 관련한 캠페인 활동에 참여합니다. 또한 일회성으로 참여하는 봉사활동보다 꾸준히 참여한 봉사활동이 좋습니다.

교내 대회에서 받은 수상경력은 고등학교에 따라 입시 자료로 포함하지 않기도 합니다. 하지만 만약의 경우를 대비해 학교 성격에 맞는 상이라면 받아두는 것이 좋습니다. 또한 고등학교 입시에 직접적인 연관은 없더라도 관심 있는 과목의 교내외 대회에 참여하면 학교생활 경험을 풍부하게 쌓을 수 있다는 장점이 있습니다.

독서활동

지망 학교가 결정되었다면 또 하나 중요한 것이 관련 과목의 독서를 꾸준히 하는 것입니다. 한 학기에 몰아서 많은 책을 읽는 것보다는 중학교 3년에 걸쳐 꾸준히 독서를 해온 모습을 보여주는 것이 더 좋습니다. 따라서 지망 학교를 결정한 순간부터 매 학기마다 몇 권의 책을 읽고 독서기록장을 제출합니다.

교육부에서 제공하는 독서교육종합지원시스템을 활용하면 읽었던 책을 관리하고 독후감을 정리해서 포트폴리오로 보관할 수 있습니다. 독서활동 사항은 자기소개서에 풀어내기 좋은 자원이며 지원자들이 읽은 책을 면접에서 자주 묻기도 하니 철저하게 준비합니다.

자치활동

특목고 입시의 '자기주도 학습전형'은 지원자가 얼마만큼의 주도성을 갖고 학교생활과 학습에 임했는지 평가해 합격자를 선발하는 전형입니다. 이때 자신의 주도성을 가장 잘 드러낼 수 있는 부분이 바로 자치활동입니다. 학생회 임원활동과 자율동아리 활동이 이에 속합니다.

학생회 임원으로 활동하면 체육대회나 축제와 같은 교내 주요 행사를 기획하고 운영할 수 있습니다. 임원으로 활동하면서 시행착오를 겪고 서로의 의견을 조율하며 결과물을 내는 일은 자기소개서와 면접에 활용할 수 있는 좋은 경험입니다.

자율동아리는 중학교에서는 잘 찾아볼 수 없기도 합니다. 하지만 진학하고 싶은 학교를 정했다면 마음이 맞는 친구들과 동아리를 만들어 운영하는 것도 좋습니다. 예를 들어 국제고등학교에 진학을 희망한다면 국제 이슈토론 동아리, 영어회화 동아리, 신문읽기 동아리 등을 만들어보는 것입니다. 자율동아리 활동은 다른 지원자와는 구별되는 여러분만의 차별성을 만들기에 좋습니다.

자기소개서와 면접

보통 많은 학생들이 3학년에 올라와서야 자기소개서를 쓰기 시작합니다. 3학년이 되어서야 희망하는 학교가 결정되기 때문이죠. 하지만 지망 학교를 정하지 못했더라도 자기소개서의 초안을 미리 써보는 것은 도움이 됩니다. 일단 자기소개서를 작성해 봐야 내가 원하는 것이 무엇인지, 나의 부족한 부분은 무엇인지 알 수 있습니다. 자기소개서를 쓰다 보면 자연스레 자신에게 어떤 이야기와 경험이 부족하고 더 경험해야 할지 깨닫게 됩니다. 자기소개서를 간단하게라도 써보고 부족한 경험을 다시 채우는 방식을 반복하며 여러분의 경험을 알차게 만들어야 합니다.

면접은 기출문제로 준비합니다. 포털 사이트에 '○○고등학교 면접 기출'을 검색하면 지원했던 학생, 합격자 등이 기출문제를 공유한 글이 있습니다. 기출문제를 보며 여러분이라면 어떻게 대답할지에 대해 스스로 생각해봅니다.

면접 준비에 좋은 또 하나의 방법은 자신의 생활기록부를 보며 면접 예상 질문을 만들어보는 것입니다. 여러분이 면접관이라면 어떤 질문을 할까를 상상해보세요. 노트를 질문으로 가득 채운 후 답변도 생각해 봅니다. 실제로 이 방법은 특목고에 합격한 학생들이 가장 도움이 되었던 면접 준비 방법으로 꼽았던 내용입니다.

학부모님께
드리는 글

PART

08

자녀교육의 핵심은
지식을 넓히는 것이 아니라
자존감을 높이는 데 있다.

톨스토이

학부모님께

아이들의 자주성을 키워주세요

　자녀가 아주 어렸을 때의 식사 시간을 떠올려보세요. 항상 떠먹여주던 숟가락을 아이에게 쥐여주고 스스로 밥을 먹는 모습을 보면 감격스럽고 기특합니다. 하지만 한편으로는 아이가 숟가락을 제대로 사용하지 못해 식탁이 지저분해지는 모습에 답답하기도 합니다. 입으로 들어가는 것보다 흘린 게 더 많아서 치우는 일이 더 늘어납니다. 숟가락을 사용하는 것도 어설픈데 언제쯤 젓가락은 능숙하게 사용할지 걱정입니다.

　아이가 조금 더 자라나서 혼자 옷을 갈아입기 시작할 때는 어땠나요? 머리가 나올 구멍에서 팔이 나오고, 양말은 뒤집어 신고, 좌우 신발을 구분하지 못합니다. 옷을 입는 데 시간을 다 보내는 아이의 모습을 보면서 아이를 다그치고 화를 낸 경험이 한 번쯤은 있으실 겁니다.

아이가 스스로 할 때까지 기다리느니 차라리 직접 밥을 떠서 입에 넣어주고, 옷을 입히고, 양말과 신발을 신기고, 팔을 잡아끌어 밖으로 나가는 편이 훨씬 빠릅니다. 그렇지만 조금 답답하더라도 시행착오를 기다려주어야 스스로 할 줄 아는 아이가 된다는 사실을 부모는 알고 있습니다.

스스로 할 수 있도록 기다려 주는 것이 부모의 역할

공부도 마찬가지입니다. 자녀가 시행착오를 거치며 자신의 속도로 공부의 길을 찾아가는 과정을 지켜보는 것이 처음에는 정말 답답합니다. 아이의 시행착오는 시간 낭비와 같이 느껴집니다. 누군가 정해준 목표와 속도에 맞춰 공부하는 것이 훨씬 효율적이라고 생각합니다. 그렇지만 결국 자녀에게 숟가락을 쥐어주어야 시행착오를 거치면서 숟가락질이 능숙해지는 것처럼, 자녀에게 공부의 주도권을 주어야 혼자서 공부할 수 있는 능력인 자기주도학습 능력을 기를 수 있습니다.

대학교에 진학한 이후에도 학점관리를 해주는 부모님이 있다고 합니다. 심지어 자녀가 직장을 구해 번듯한 사회인이 된 이후에도 상사에게 전화해서 회사 생활에 관여하는 부모도 있다는 신문기사가 있습니다. 자녀 주변을 헬리콥터처럼 맴돌며 일일이 챙기는 부모를 헬리콥터 부모Helicopter parents라고 합니다. 헬리콥터형 부모는 자녀가 어려움에 빠지기 전에 통제와 간섭을 통해 보호합니다. 그런데 이것이 진정 자녀를 위한 행동일까요? 헬리콥터 부모의 양육 태도가 자녀에게 어떤 영향을 주는지 확인한 실험이 있습니다.

1. 연구자는 12개월 아이에게 장난감을 쥐여주고 아이의 부모에게 "아기가 장난감을 가지고 노는 동안 함께 있어주세요."라고 말한 후 방을 나간다.
2. A그룹의 부모는 아이에게 장난감 사용법을 알려주고 아이가 장난감을 가지고 놀이하는 내내 간섭하고 끼어든다.
3. B그룹의 부모는 아이가 혼자 놀도록 내버려 두다가 아이가 곤란하다는 신호를 보낼 때만 도움을 준다.
4. 부모가 방을 나가고 아이만 남았을 때, 조금 더 어려운 놀잇감을 제공한다.

심리학자 웬디 그롤닉이 시행한 부모 행동에 따른 아이의 놀이 형태에 대한 실험의 내용입니다. 결과는 어땠을까요? A그룹의 아이들은 부모님이 나가자 곧바로 장난감에 흥미를 잃었으며, 새로운 놀잇감을 가지고 노는 것을 포기했습니다. 반면 B그룹의 아이들은 계속해서 놀이에 흥미를 보이며 새로운 놀잇감을 탐색하였습니다.

A그룹은 통제형 양육 태도이며 B그룹은 자율형 양육 태도입니다. 심리학자 웬디 그롤닉은 통제형 양육 태도가 아이들이 스스로 선택하는 권리를 빼앗고 무엇을 하고자 하는 동기를 꺾어버린다고

분석했습니다. 아이에 대한 지나친 관심이 아이를 자주성이 낮은 사람으로 자라나게 합니다. 아이를 도우려고 했던 행동이 결과적으로는 과잉보호로 이어지며, 결국 스스로는 아무것도 할 수 없는 어른으로 성장하게 만듭니다.

교육의 목표는 개인의 완전한 독립입니다. 교육은 보호자의 도움 없이도 혼자서 온전히 세상을 살아갈 수 있는 성인으로 성장하도록 돕는 것입니다. 학교 성적이 좋다고 해도 어른이 된 후에도 보호자의 관리가 필요한 사람이라면 그에 대한 교육이 성공했다고 보기 어렵습니다. 진정 자녀를 사랑하는 길은 자녀가 실수할 기회를 주는 것입니다. 조금 답답하더라도 자녀가 가진 내면의 힘을 믿고 스스로 해낼 때까지 기다려주시길 바랍니다.

학부모님께

새로운 방식으로
진심을 전해주세요

    잔소리는 아이 어른 할 것 없이 모두가 싫어하죠. 충고와 조언으로 포장된 말이라도 잔소리라고 느껴지면 짜증이 납니다. 부모님께서는 어린 시절에 어른들의 잔소리를 들을 때 어떤 생각을 하셨나요? 어른들의 잔소리에 감명을 받아 행동을 개선하겠다고 생각한 모범적인 학생이었나요?

    임상심리학자인 토머스 펠런은 간단하지만 강력하고 마법 같은 3단계 자녀교육법을 다룬 자신의 저서 『1-2-3 매직』에서 어른들은 아이에게 충분히 합리적인 이유를 들어 설명하면 아이들의 문제 행동이 줄어들 것이라는 착각에 빠진다고 설명합니다. 하지만 이것이 훈육에 실패하는 가장 핵심적인 원인입니다. 어른들이 덧붙이는 합리적인 이유는 아이에게 납득할 수 없는 어려운 말처럼 느껴집니다. 어떤 아이도 어른이 하는 말에 "그 말을 듣기 전까진 생각을 해본 적이 없어요. 당장 고쳐야겠어요."라고 하지 않습니다.

사랑하기 때문에 해주는 말인데
아이는 왜 싫어할까?

아이에게 잔소리를 하는 가장 큰 이유는 당연하게도 아이를 사랑하기 때문입니다. 부모님이 자녀에게 하는 말은 모두 자신이 겪은 시행착오를 자녀는 겪지 않았으면 하는 마음에서 비롯합니다. 모두 아이를 위하는 마음과 애정을 담은 충고임이 분명합니다.

처음 한두 번은 자녀에게 진심이 닿을 수 있습니다. 하지만 매번 비슷한 상황이 반복된다면 자녀들은 부모의 말을 의미 있는 조언으로 받아들이지 않고 늘 하는 잔소리로 흘려듣게 됩니다. 이렇게 되면 정작 중요한 말을 할 때도 부모님의 마음이 자녀들에게 전달되지 않습니다.

주변 사람이나 직장 동료를 떠올려보세요. 매사에 불평불만이 많고 부정적인 사람이 있는가 하면, 항상 친절하고 긍정적인 사람이 있습니다. 두 사람이 불만을 제기할 때 여러분은 어떻게 생각할까요? 부정적인 사람에게는 '오늘도 이 사람은 불평뿐이군.'이라고 생각하여 문제의 심각성을 느끼지 않게 되는 반면에, 긍정적인 사람에게는 '이 사람이 이럴 사람이 아닌데, 정말 문제가 있는가 보네.'라고 생각해 어떻게 해서든 그 문제를 해결하는 데 도움을 주고자 합니다.

이처럼 평소 모습이 어떤 특정 행동의 결과에 미치는 효과는 확연하게 다릅니다. 매사에 꼬투리를 잡아 잔소리하는 어른과 웬만하면 잔소리하지 않고 묵묵히 믿어주는 어른이 있습니다. 두 사람이 아이에게 진심 어린 조언을 건넸을 때 아이는 어떤 어른의 말에 더 귀를 기울일까요?

자녀가 스스로 결정하고 인생을 개척하며 인생을 살아가도록 가르치는 것도 중요하지만, 어른들의 조언이 필요한 때가 반드시 옵니다. 어른의 손길이 꼭 필요할 때, 가장 결정적인 조언을 해주는 부모가 될 수 있어야 합니다. 이를 위해 사소한 잔소리는 줄여보는 것이 어떨까요?

자녀가 공부는 소홀히 하면서 게임에만 열중하는 모습을 보면 답답하고 속이 상하는 것은 당연한 일입니다. 하지만 자녀 입장에서는 학교 수업도 충실히 듣고, 밤늦게까지 학원에 다니고, 숙제도 마친 다음에 잠시 게임을 하는데 부모가 잔소리를 하면 억울한 마음이 듭니다. 부모의 따뜻한 조언은 그저 잔소리가 될 뿐입니다. 부모는 아이가 게임 중독에 빠졌다고 걱정하고, 아이는 부모가 잔소리에 중독되었다고 생각합니다.

자녀의 마음을 이해하고 개선 방향에 대해 이야기를 나누는 것이 좋습니다. 오늘도 공부에 매진하는 자녀에게 칭찬을 해주세요. 게임은 언제 얼마만큼 하는 것이 좋은지 대화를 나누세요. 아이의 입장에서 새로운 방식으로 부모님의 진심을 전해주세요.

학부모님께

아이들을
외롭게 하지 마세요

학교에서 학생들과 많은 상담을 했습니다. 학생은 나름대로 열심히 하지만, 부모님의 기대에는 미치지 못하는 것 같다고 하소연합니다. 아무리 노력해도 부모님의 기대에 미치지 못하는 아이의 속상함이 전해져 안쓰러운 마음이 들곤 합니다.

부모는 자녀에게 성실함, 꾸준함, 인내심이 중요하다고 말합니다. 하지만 부모님은 과연 잘하고 있나요? 어른들도 어려운 일을 아이들에게 강요하고 있는 것은 아닐까요?

대한민국 고등학생이 평소에 가지고 다니는 책가방의 무게는 평균 6.56킬로그램이라고 합니다. 1.5리터짜리 생수병 4개가 넘는 무게를 어깨에 짊어지고 다니고 있습니다. 아이들 어깨를 짓누르는 것은 책가방 무게만이 아닙니다. 아이들은 성적에 대한 압박감, 미래에 대한 고민도 함께 짊어지고 있습니다.

공부는 단순히 지식을 습득하는 것 이상의 의미가 있습니다. 힘들고, 하기 싫은 일을 견디고 해냄으로써 인내심을 배우고, 맡은 바에 최선을 다함으로써 성실함을 배웁니다. 물론 그 과정에서 노력한 만큼 결과가 나오지 않을 수 있습니다. 마음먹은 만큼 노력을 하지 않기도 합니다.

옆에서 지적하고 조언하지 않아도 아이들 스스로 이미 알고 있습니다. 이미 아이들은 자신에게 실망감을 느끼고 자책합니다. 그럴 때는 아이를 다그치고 탓하는 것이 아니라 옆에서 힘이 되어주세요. 어떠한 결과에도 언제나 자신을 응원하고 있다는 메시지를 받을 때, 우리 아이들은 힘을 내서 도전할 수 있습니다.

여러분의 자녀는 학생이 처음이에요

자신을 믿고 응원해주는 부모가 곁에 있다면 아이는 내면이 단단한 어른으로 자라납니다. 노력이 부족했다면 반성하고 마음을 다잡기도 합니다. 다시 도전하는 데에서 배움의 즐거움도 느끼고 더 잘하고 싶다는 목표의식도 갖게 됩니다.

배우 윤여정 씨는 방송에서 본인의 현재 나이를 처음 살아보는 나이라고 말했습니다. 현재 나이를 처음 겪어보기 때문에 아쉬움이 따르고 아플 수밖에 없다고 덧붙입니다. 당연하게도 같은 나이를 두 번 사는 사람은 없습니다. 나이의 많고 적음과 상관없이 매년 처음 겪는 나이이고, 그렇기에 시행착오는 늘 따라다닙니다.

중년을 넘어서 노년의 나이가 되어도 인생에는 모르는 것이 많습니다. 어른들은 경험이 많기 때문에 시행착오를 줄일 수 있지만 아이들은 그렇지 않습니다. 중학교도 고등학교도 처음입니다.

부모님은 이미 학창시절을 겪었기 때문에 자녀들이 느끼는 어려움을 별것 아닌 것으로 보는 경향이 있습니다. 분명 학생이었을 때 힘들고 외로웠을 텐데, 시간이 흘러 그때의 어려움을 완전히 잊어버렸습니다. 그렇기 때문에 자녀를 온전히 이해하지 못합니다.

청소년기를 처음 겪는 아이들에게는 현재 자신이 처한 상황이 굉장히 두렵고 외롭습니다. 불안한 마음을 헤아리고 응원하는 사람이 존재한다는 사실만으로 아이는 포기하지 않고 도전할 수 있습니다. 부모님의 경험에서 비롯된 잣대로 자녀를 평가하고 다그치지 말아야 합니다. 여러분의 충고가 자녀에게 상처를 주고 있지는 않은지 돌아보기 바랍니다. 부모가 공부를 대신 해줄 수 없습니다. 하지만 자녀가 공부에 매진하는 과정이 외롭지 않도록 든든한 버팀목이 되어줄 수 있습니다.

학부모님께

아이들의
자기긍정감을 높여주세요

자존감Self-esteem이란 자신의 있는 모습 그대로를 존중하고 사랑하는 마음입니다. 이는 자신감Self-confidence이나 자부심Pride과는 다릅니다. 자신감이나 자부심은 어떤 일을 잘하게 될 때 생기는 것으로, 그 일을 못하게 되면 함께 사라집니다. 이처럼 자신감과 자부심은 일시적인 감정이라고 할 수 있습니다.

하지만 자존감은 자신의 장점뿐만 아니라 약점과 단점에도 불구하고 자신의 가치를 소중히 여기는 마음입니다. 따라서 자존감은 잘할 때나 못할 때나 구분 없이 자신을 건강하게 지켜주는 감정이죠. 자존감이 높은 사람은 타인의 인정이나 칭찬에 집착하지 않으며 자기 자신을 소중히 여깁니다.

자존감이 높은 사람은 자신의 약점을 있는 그대로 인정하기 때문에 실수나 실패를 경험한 후에도 좌절하지 않고 다시 일어나는 힘이 있습니다. 또한 자신을 소중하게 여기는 것이 이기적인 마음에서 비롯된 것이 아니므로 자신이 소중한 만큼 타인도 소중하다고 생각합니다. 타인의 감정에 잘 공감하며 타인의 실수에도 관대한 태도를 보입니다.

반면 자존감이 낮은 사람은 타인의 인정에 집착하는 경향이 있습니다. 자신의 실패를 인정하지 않으려고 하거나 지나치게 좌절하여 자신의 가치를 폄하하고 부정적인 감정에 사로잡히기 쉽습니다.

아이와 나를 살리는 자기긍정감

아이가 행복하고 즐거운 일만 가득 했으면 좋겠지만 누구나 실패와 좌절을 경험할 수밖에 없습니다. 그러한 경험을 피할 수는 없기에 부모는 아이들이 실패를 겪고 좌절의 상황에 놓이더라도 현명하게 극복하는 방법을 터득했으면 합니다. 자신의 옳지 못한 선택으로 인해 상황을 개선하지 못했다고 자책하기보다는 그럼에도 자신을 믿고 다시 도전하는 자존감이 필요합니다.

자기긍정감이 높은 아이는 실패와 좌절을 만나도 노련하게 헤쳐나가는 힘이 있습니다. 자녀에게 자기긍정감을 심어주기 위해 부모는 다음과 같은 역할을 해야 합니다.

첫째, 지속적인 성공 경험을 쌓을 수 있도록 도와주세요

작은 성공을 자주 경험하는 것이 중요합니다. 목표를 달성하기 위해서는 많은 시간과 노력이 필요합니다. 하지만 그 과정에서 아무런 성취감이 없다면 목표에 다다르기도 전에 쉽게 포기합니다. 그러므로 처음부터 거창한 목표를 세우지 말고 작은 목표를 세워 매일 성공해 나가는 경험을 쌓아야 합니다.

목표는 되도록 쉬워야 합니다. 반복된 실패 경험은 도전하기도 전에 지레 겁을 먹고 포기하게 되는 '학습된 무기력'의 상태에 빠지게 만듭니다. 작더라도 여러 번의 성공 경험을 통해 '나는 할 수 있다!'라고 믿는 아이로 자랄 수 있게 도와주세요. 작은 성공이 모여 큰 목표를 달성하는 힘이 됩니다.

둘째, 노력을 통한 성취를 칭찬해주세요

칭찬만 한다고 무조건 좋은 것은 아닙니다. 영문도 모른 채 과한 칭찬을 자주 받는 아이는 칭찬의 본질은 알지 못하고 칭찬 그 자체에만 몰두합니다. 아이는 칭찬 중독에 빠져 칭찬을 받지 못한 상황에서는 굉장한 좌절감을 느끼게 됩니다. 또는 칭찬만을 맹목적으로 바라는 '착한아이 콤플렉스'에 빠지기도 합니다. 착한아이 콤플렉스를 가진 아이는 오로지 칭찬을 위해 자아를 숨기고 감정을 드러내지 않는 소극적인 사람으로 성장합니다.

아이를 칭찬할 때는 결과가 아닌 과정에 집중해주세요. 성적이 잘 나왔다는 말보다 포기하지 않고 열심히 공부한 노력을 높이 인정해주는 것입니다. 타인과 비교하며 칭찬하는 것도 좋은 방법이 아닙니다. 남과 비교하는 칭찬을 받아온 아이는 타인을 무시하거나 경쟁에만 몰두하기도 합니다. 특히 가까운 친구나 형제와 비교하는 것은 금물입니다.

다른 사람과 비교하는 것보다 어제와 달라진 오늘의 아이를 칭찬해주세요. '어제보다 나아진 오늘의 너, 내일이 기대되는 너'라고 칭찬하면 아이는 자신의 성장을 실감하고 더 나은 사람이 될 수 있게 노력합니다.

셋째, 수치심을 느끼지 않게 해주세요

불가피하게 아이를 혼내야 하는 상황이 있습니다. 어쩌면 칭찬보다 혼을 내야 하는 일이 더 많습니다. 어쩔 수 없이 아이를 훈육해야 한다면 반드시 아이가 수치심을 느끼지 않도록 해야 합니다.

죄책감과 수치심은 자기 자신을 스스로 평가하는 감정이지만 분명 차이가 있습니다. 본인의 잘못에 대해 훈육을 받은 아이는 자신이 나쁜 행동을 했다는 것을 시인하고 죄책감을 느낍니다. 죄책감을 느낀 아이는 자신의 행동을 반성하며 같은 잘못을 반복하지 않으려고 노력합니다.

하지만 훈육으로 수치심을 느낀 아이는 모멸감과 부끄러움을 느끼게 됩니다. 잘못을 저지른 것이 본인의 탓이 아니라 환경의 탓이라 느끼며, 심지어 부모에게 분노를 표출하기도 합니다. 수치심을 느끼는 아이는 자존감이 낮아지고 공격적인 성향이 커집니다.

아이가 무엇을 잘못했는지 스스로 깨닫고 죄책감을 느끼며 반성한다면 긍정적으로 발전하며 자존감이 높은 사람으로 성장합니

326

다. 하지만 자신의 잘못에 대하여 수치심을 느끼게 된 이이는 지존감이 낮은 사람으로 성장합니다.

마땅히 훈육을 해야 하는 상황이라면 상황만 놓고 단호하게 훈육하되, 상황의 원인이나 아이의 성향을 단정 짓는 말은 하지 말아야 합니다. 또한 잘못된 행동에는 나쁜 결과가 발생한다는 사실을 명확하게 알려주어야 합니다. 적절한 훈육 후에는 아이가 미워서 훈육한 것이 아니라는 것을 반드시 확인시켜주세요.

아이를 독립된 인격체로 존중하면 아이의 자존감이 높아집니다. 어른의 잣대로 아이를 평가하지 말고 아이의 기질과 재능을 있는 그대로 인정해주세요. 존재 자체로 가치 있는 사람이라는 것을 인정받는 아이는, 자신을 남과 비교하지 않고 실패와 좌절 속에서도 희망을 잃지 않는 인격체로 성장한답니다.

학부모님께

아이의 반항에
상처받지 마세요

임상심리학자이자 어린이 심리치료사인 하임 G. 기너트 박사는 아이의 반항적인 태도에 대하여 고찰했습니다. 그는 아이의 버릇없고 반항적인 태도는 아이가 느끼는 불안감을 아이 나름대로 표출하는 방법이라고 말합니다. 아이는 자신이 할 수 있는 최대의 표현으로 불안감을 해소하고 있는 중입니다. 아직 미숙하기 때문에 노련한 방법으로 자신이 처한 불안한 상황에서 벗어날 수 없는 것이죠. 따라서 아이가 반항할 때 태도만 놓고 몰아세우기보다 먼저 아이가 불안해하고 있다는 것을 인지하고 불안감의 원인을 파악해야 합니다.

많은 부모들이 아이의 반항적인 행동에 화를 내고 감정적으로 대응하는 경우가 많습니다. 화를 내는 순간에는 아이를 어린아이가 아닌 동등한 어른처럼 대하는 것입니다. 어른들이 저지르는 가장 흔한 실수입니다.

마땅하게 훈육을 하는 상황에서도 아이가 조금이라도 반항하는 태도를 보이면, 그 순간부터 훈육의 원래 목적은 사라지고 아이의 태도만 지적하게 됩니다. 아이의 옳지 못한 태도로 어른도 기분이 나빠지는 것입니다. 결국 각자 기분만 상하고 문제 해결은 하지 못합니다.

아이와 대화를 나누고 싶고, 태도를 변화시키고 싶다면 "너의 마음은 나도 충분히 이해해." 혹은 "너와 같은 상황이라면 나도 기분이 나쁠 거야."라고 공감하며 아이의 감정을 있는 그대로 받아들여주세요.

대부분의 아이들은 자신이 이해받고 있다고만 느껴도 감정을 금세 누그러뜨립니다. 차분하게 부모의 입장에서 이야기하고, 화가 나더라도 기분이 행동이 되어서는 안 된다고 가르쳐주어야 합니다.

화를 내는 아이의 속마음은 "내 얘기를 들어주세요."

아이는 감정을 다루는 데 서툴기 때문에 자신의 기분이 상했을 때 올바르게 표현하지 못하고 화를 냅니다. 아이의 반항에 부모도 똑같이 감정적으로 대응한다면 결코 문제를 해결할 수 없습니다. 특히 아이의 자존심을 건드리거나 말로써 상처를 준다면 상황은 걷잡을 수 없는 지경으로 흐릅니다.

하임 G. 기너트 박사는 저서『부모와 아이 사이』에서 아이를 손님처럼 대하라고 조언합니다. 우산을 놓고 간 손님에게 정중히 우산을 돌려줄 뿐, "당신은 참 주의가 산만하군요." "당신 동생은 그렇지 않던데 당신은 또 우산을 놓고 가셨어요?"라고 무안을 주거나 면박하지 않는 것처럼 말입니다.

때때로 부모들은 아이가 우산을 놓고 간 손님보다 더 사소한 실수만 해도 엄청난 잘못을 한 것처럼 대하곤 합니다. 아이는 자신이 저지른 잘못의 정도를 스스로 가늠하고, 반성하고 있는데도 혼이 납니다. 감정에 솔직한 아이들은 반성하던 마음을 거두고 이내 억울함을 호소합니다. 이럴 때는 아이와 똑같이 감정적으로 대응하지 마세요. 아이가 스스로 진정할 수 있을 때까지 기다려 주세요. 아이가 진정이 된 이후 차분하게 대화를 시도하세요. 아이의 반항을 사춘기의 철없는 행동으로 치부하지 마시고 아이의 자기표현이라고 인정하는 부모가 되길 바랍니다.

학부모님께

아이들의 장래를
지지해주세요

뇌를 연구하는 물리학자 정재승 박사는 자신의 저서『열두 발자국』에서 결핍이 때로는 우리를 성장하고 성취하게 만든다고 설명합니다. 특히 어린 시절 겪었던 결핍은 삶의 원동력이 된다고 강조합니다. 풍요로운 시대를 살고 있는 요즘 아이들은 성장에 도움이 되는 결핍을 경험할 기회가 없다며 안타까워하는 어른들도 있습니다.

하지만 아이들이 살아갈 세상은 부모님이 겪어온 모습과 전혀 다릅니다. 어른의 관점에서 아이의 미래를 결정하는 것은 옳지 않습니다. 10년 전만 해도 인스타그램이 우리의 일상에 어떤 영향을 미칠지, 유튜브 크리에이터가 초등학생의 희망 직업 1순위가 될지는 누구도 예측할 수 없었습니다. 비대면 생활이 일상이 되고 있는 세상은 예전보다 빠른 속도로 변화하고 있습니다.

빠르게 변하는 세상에서 살아갈 아이들에게 오래된 경험과 관점으로 훈수를 두기보다 아이들 스스로 미래를 그리도록 도움을 주세요. 어쩌면 아이들이 어른들보다 미래를 구체적으로 그리는 혜안이 있을지도 모릅니다.

먹이를 물어다 주는 것보다 직접 잡는 법을 알려주는 것

앞으로의 교육은 단순히 지식을 전달하기보다 새로운 지식을 배우는 능력을 가르치는 일이 될 것입니다. 예측할 수 없이 변하는 새로운 세상에서도 적용 가능한 신지식新知識을 습득하고 다양한 분야에 유연하게 적응할 수 있도록 이끌어 주는 교육이, 공부 한 가지만 잘하도록 가르치는 것보다 더 이로울 수 있습니다.

미래학자 앨빈 토플러는 저서 『퓨처쇼크』에서 미래의 문맹은 글자를 읽지 못하는 사람이 아니라, 배우는 법을 배우지 못한 사람을 가리키게 될 것이라고 말했습니다. 가르쳐주는 사람이 없어서, 정보가 부족해서 배우지 못하는 시대는 이미 끝났습니다. 수많은 정보 속에서 자신에게 맞는 관심사를 선택하여 스스로 공부할 수 있는가, 새로운 것을 끊임없이 배우려는 태도를 지녔는가의 질문을 계속 던지고 해답을 찾는 것이 다가오는 미래를 잘 살아가는 방법입니다.

아이들 스스로 자신이 무엇을 잘하고 좋아하는지 충분히 탐색할 시간이 필요합니다. 이는 다양한 시도와 시행착오를 통해 찾을 수 있습니다. 아이들의 열정에 기름을 부어줄 좋은 멘토나 함께 노력할 친구가 있다면 금상첨화입니다. 학생들이 자기만의 공부법을 터득하고, 훗날 가슴이 뛰는 일을 찾아 끊임없이 공부하고 열정이 식지 않는 사람으로 성장하기를 바랍니다. 자기계발을 멈추지 않는 어른으로 자라나기를 바랍니다.

아이가 지금은 당장 꿈이 없을 수도 있고, 무엇을 해야 할지 모를 수도 있습니다. 언젠가 아이가 마음을 열고 새로운 것을 받아들일 수 있도록 끊임없이 지도해주시길 바랍니다. 이 과정을 통해 아이는 자신만의 색과 결을 찾게 되는 날이 반드시 오게 됩니다.

틀에 박힌 정답지에 답을 채워 넣는 사람들과 달리 자신만의 길을 개척하며 살아갈 수 있도록 부모님들이 도움을 주세요. 여러분의 소중한 자녀가 자신만의 꿈에 한 발짝 다가가기를 진심으로 응원합니다.

맺음말

자신의 그릇을 크게 키우자

공부의 목표는 1등급이 아닙니다. 지식보다 상식을, 정해진 답변보다 자신만의 정답을 찾는 과정을 통해 인지 기능을 발달시키는 것이 공부의 본질입니다. 그 과정에서 학생은 성장하고, 평생 공부를 위한 기반을 쌓게 됩니다. 동시에 효율적인 학습법과 공부환경, 운과 같은 요소가 적절히 따른다면 1등급은 자연스럽게 따라옵니다. 하지만 좋은 성적은 부수적인 경험일 뿐입니다. 공부를 통해 겪은 수많은 성공 경험은 아이의 인생에 자기 신뢰감과 자기 효능감을 더하는 데 기여합니다.

"공부, 공부, 공부!"

사실 공부는 학창시절에만 국한되지 않습니다. 인생 자체가 공부이며 우리의 삶에 '1등급'이라는 것은 존재하지 않습니다. 아이와 어른 모두 '인생'이라는 공부를 하고 있습니다. 부모는 자녀에게 공부하는 삶을 보여줌으로써 자녀의 롤모델이 될 수 있습니다.

아이들은 공부의 다양한 맛을 경험해야 합니다. 아이에게 쓰고, 매운맛만 경험하게 한다면 편식하는 어른으로 성장합니다. 단맛처럼 구미를 당기는 맛뿐만 아니라 짠맛, 감칠맛처럼 다양한 맛이 있다는 것을 일깨워 준다면 쓴맛, 매운맛을 감내할 줄 아는 어른으로 성장할 수 있겠지요.

빠르게 변화하는 지금은 다양한 학습법과 학습 여건이 존재합니다. 자녀와 끊임없이 소통하면서 여러 방법을 시도해보세요. 분명 최고의 학습법을 찾을 수 있습니다. 1,000명의 학생에게는 1,000개의 학습법이 있다고 합니다. 그렇기 때문에 아무리 좋은 학습법이라고 할지라도 자신에게 맞지 않는 것은 무용지물입니다. 자신에게 적합하도록 개선하고 적용하는 것이 바로 공부입니다.

공부란 머릿속에 지식을 담는 행위가 아닙니다. 다양한 경험을 해보면서 '생각 머리'를 키우는 과정, 즉 그릇을 키우는 과정이 바로 공부입니다. 오늘도 다양한 방식으로 생각 머리를 키우느라 힘겨워하는 자녀들을 잠시만이라도 따뜻한 눈으로 바라봐주세요. 공부의 본질을 설명하면서 성적으로 인한 스트레스는 조금만 내려놓도록 도와주세요. 그리고 그릇을 키울 수 있도록 격려해 주세요. 아이와의 소통의 창구를 넓혀주세요.

아이들이 나를 둘러싼 어른들을 아군으로 인식하여, 마음 편히 학교, 학원, 독서실 어디에서든 효율적인 공부를 할 수 있기를 바랍니다. 또한 그 경험이 인생을 살아가면서 큰 도움이 되기를 바라며 마무리합니다.

저자 일동

—